帳簿が語る歴史の真実

通説という名の誤り

渡邉 泉 [著]
Izumi Watanabe

A Historical Critique of
Currently Accepted Accounting Theory

Izumi Watanabe

同文舘出版

まえがき

　私たちは，幼いころから多くのことを日々の生活の中で学び，新たな事実や知識を日々の体験やテレビや新聞などを通して，まるで乾いた海綿のように吸収してきた。未知の世界に初めて足を踏み入れた時，多くの人は，その時の驚きと感激で胸が打ち震えるほどの興奮を覚えたのではなかろうか。初めて知る世界が幼い心に計り知れない衝撃を与え，これこそが絶対的な真理として，いつまでも深く脳裏に刻み込まれる。

　しかし，人はやがて成人し，多くの書に触れ，これまで絶対的な真理と信じていたことの中にも，実はまったく誤った解釈があったことに気が付く。そんな時，人は，どれほど大きな戸惑いを覚えたことであろうか。不変の事実として心の奥深くに刻み込んでいた世界の常識。例え日が西から昇っても，変わることのない真理と信じていた事柄が，ある瞬間に大きな音をたてて瓦解していく。こんな経験を誰もが多かれ少なかれ持っているのではなかろうか。

　こうした紛れもない事実として，誰一人疑うことのなかった伝統的な解釈を根底から覆す新たな発想の転換をドイツの哲学者カント（1724-1804）は，自己の認識論を地動説になぞらえて「コペルニクス的転回」と呼んだ。天動説が永久に変わらぬ真理と信じられていた時代に，そうではなくて，地球が太陽を回っているのだという。このような正反対の事実を聞かされた時の人々の驚きは，一体どのようなものであったろうか。子供のころから絶対的な真理と信じていた事象が180度パラダイム転換してしまったのである。

多くの人にとっては，絶対的な真理と思い込んでいる常識の内に誤りが横たわっているなど思いもよらぬことである。しかし，現実には，こうした常識というか通説や時にはすでに定説になっているものの中にすら，どれだけ多くの誤りが潜んでいることであろうか。本書は，会計学という研究領域において大手を振って歩いてきた通説の誤りと一般的な解釈に潜む矛盾を六つほど掘り起し，商人たちの生きた証しである日々の取引記録，すなわち帳簿や簿記書といった現存する史料によって，真の姿を浮かび上がらせようというものである。

　平凡な日々の生活の中にも多くの嘘がいつも隠されている。しかし，新たな発見を声高に世に問おうとしたとき，時代は，いつも好意的に受け止めてくれるばかりとは限らない。なぜなら，時の支配者にとっては，常識の破壊が有害になることすら生じてくるからである。そればかりか，真実の公表がすべての人にとって有益であり，すべての人を幸せにできるとも限らないからである。知らぬが仏とほっかむりを決め込み，世の流れに棹させば，平穏な日々が約束されているのかも知れない。長きにわたり慣習として築き上げた常識への反逆には，言い知れぬ決断への勇気と膨大なエネルギーが求められる。

　古代ギリシャの時代から，多くの哲人たちは，自らの命をかけて，人の世の不条理や宇宙のさまざまな現象に疑義を投げかけてきた。ソクラテス（BC470-BC399）が毒殺刑に処され，ガリレイ（1564-1642）が宗教裁判で無期刑を宣告されたのは，歴史の教えるところである。あらゆる学問は，先ず現状を否定するところから始まる。この懐疑の精神こそが，例え自らを絶望の淵に追いやろうとも，真理を探究する者にとって最も重要なキーワードになる。

　誰もが露ほども疑う余地のない真理と信じている常識の扉を，独断的な自己主張によってではなく不断の自己否定の精神で打ち破ってこそ初め

て，新たな地平が見えてくる。会計という特殊な分野でのいささかマニアックな内容になったかも知れないが，そんな思いを込めて書き綴ってみた。最後まで読んでもらえることを願いながら。

　最後になったが，本書出版に際し，同文舘出版の編集局長市川良之氏には，格別の高配を頂いた。記して謝意を伝えたい。また，同社代表取締役中島治久社長の変わらぬご支援に対しても深甚なる感謝の意を表したい。

　2015年晩秋

足早に去りゆく夕日に戸惑いを覚えながら

渡邉　泉

目　次

まえがき ……………………………………………………………… i

第1章　損益計算制度の展開
「口別損益計算から期間損益計算へ」の誤り

1-1　生成当初の簿記の役割 …………………………………… 3
1-2　文書証拠から損益計算へ ………………………………… 4
1-3　ヴェネツィア式簿記とフィレンツェ式簿記 …………… 7
1-4　通説における損益計算制度の発展シェーマ ………… 12
1-5　通説が誤った解釈をした理由 ………………………… 17
1-6　正しい損益計算制度の展開過程 ……………………… 24

第2章　収益・費用の認識基準
「現金主義から発生主義へ」の誤り

2-1　損益計算と認識基準 …………………………………… 31
2-2　会計的認識の本質 ……………………………………… 33
2-3　発生主義の前身は現金主義か ………………………… 36

2-4　会計は生まれながらにして発生主義 ……………………………… *42*
2-5　現金主義としての割賦回収基準 …………………………………… *47*

第 3 章　資産・負債の測定基準
「取得原価から時価へ」の誤り

3-1　通説による測定基準の展開 ………………………………………… *53*
3-2　最古の勘定記録（1211 年）ですでに時価評価 …………………… *57*
3-3　13, 14 世紀の一般的な評価基準 …………………………………… *61*
3-4　17, 18 世紀の時価評価 ……………………………………………… *70*
3-5　会計は誕生当初から混合測定評価 ………………………………… *76*

第 4 章　決算締切法の展開
「大陸式決算法から英米式決算法へ」の誤り

4-1　決算締切手続の方法 ………………………………………………… *81*
4-2　大陸式決算法と英米式決算法の起源 ……………………………… *82*
4-3　英米式という呼称の由来 …………………………………………… *87*
4-4　翻訳過程で誤った呼称の導入 ……………………………………… *93*
4-5　英米式決算法（簡便法）は簿記の最初から ……………………… *99*

第5章　複式簿記の展開
「単式簿記から複式簿記へ」の誤り

5-1　複式簿記と企業簿記－簿記は複式簿記として誕生－ ……… *105*
5-2　小売商への適用簿記 …………………………………… *110*
5-3　単式簿記の先駆者デフォー ……………………………… *113*
5-4　複式簿記から単式簿記へ ………………………………… *117*
5-5　単式簿記の限界 …………………………………………… *123*
5-6　単式簿記の進化とジョーンズ式簿記 …………………… *128*

第6章　会計の第1義的な役割
受託責任かそれとも情報提供か

6-1　通説による会計の役割とその問題点 …………………… *139*
6-2　受託責任思考の原点 ……………………………………… *142*
6-3　国際会計基準とリトルトンのスチュワードシップの違い …… *150*
6-4　受託責任も説明責任のための情報提供 ………………… *154*
6-5　情報の信頼性と有用性 …………………………………… *158*
6-6　会計の役割は損益計算 …………………………………… *162*

終章　現代会計が抱える問題

1　純利益と包括利益 …………………………………………… *171*
2　実証研究とアノマリー ……………………………………… *181*

参考文献 …………………………………………………………… *187*
あとがき …………………………………………………………… *199*
索　引 ……………………………………………………………… *203*

損益計算制度の展開

「口別損益計算から期間損益計算へ」の誤り

- **1-1** 生成当初の簿記の役割
- **1-2** 文書証拠から損益計算へ
- **1-3** ヴェネツィア式簿記とフィレンツェ式簿記
- **1-4** 通説における損益計算制度の発展シェーマ
- **1-5** 通説が誤った解釈をした理由
- **1-6** 正しい損益計算制度の展開過程

1-1 生成当初の簿記の役割

　会計の利益計算構造を支える複式簿記は，十字軍の結成に伴う商業の復活を背景に，13世紀初めのイタリア北方諸都市で誕生した。当時のイタリアは，今日とは異なり，ミラノ公国，フィレンツェ共和国，ヴェネツィア共和国，ローマ教皇領，ナポリ王国といった各都市がそれぞれの国を形成し，統一されたイタリアという一つの国の体をなしていたわけではない。そのため，各都市国家の政治体制の相違によって，経営の在り方もまた異なり，それに伴って，企業形態や企業の活動方法も異なっていた。その結果，利益に対する考え方にも大きな違いが見られた。

複式簿記は文書証拠として発生
　誕生当初の複式簿記の第一義的な役割は，債権債務の備忘録，ないしはトラブルが生じた時の文書証拠，すなわち公正証書の代わりを果たすことにあった。なぜなら，膨大な量の日々の取引すべてに公正証書を取り交わすには，あまりに多くの手間と費用が必要とされたからである。この手間とコストを避けるための商人たちの知恵がこれまでの債権債務の単なるメモに過ぎなかった記録を簿記にまで揚棄していったのである。
　この文書証拠として発生した複式簿記に損益計算機能を有効に作動させた直接的な要因は，多様な企業形態の存在に求められる。当時のイタリアでは，ヴェネツィアの商人たちのように貴族社会を背景にした個人ないしは血縁による家族組合（一種のソキエタス）もあれば，フィレンツェの商人たちの間で見られた血族による結社を禁止し第三者と提携した期間組合（一種のマグナ・ソキエタス）のような企業形態も同時に出現していた。

本章では，損益計算制度の発展に関する従来までの定説，すなわち損益計算制度が［口別損益計算から期間損益計算］に発展したという単線上の発展シェーマの誤りを指摘することにある。それに先立ち，まず初めに，文書証拠として発生した複式簿記がいつ，如何なる要請にもとづいて，その第一義的機能を文書証拠から損益計算機能にシフトさせて行ったかを明らかにする。次いで，そこでの損益計算機能が如何なる要因で，いつ，どのように転換し，今日のような一定期間ごとに企業損益を計算する期間損益計算システムを形成させるに至ったかを概観する。そして最後に，損益計算制度発展の定説になってきた「口別損益計算から期間損益計算へ」という誤った発展シェーマを生み出した原因がどこにあったのかを明らかにすることにしたい。

1-2　文書証拠から損益計算へ

誕生当初の損益勘定は決算勘定ではなく結算勘定
　複式簿記が発生した13世紀初頭のイタリアでは，企業全体の総括的な損益を継続的な帳簿記録によって計算するという点では，まだ未成熟の段階にあった。当時の段階では，継続的な記録，すなわち複式簿記によって企業全体の総括的な損益を計算することは，まだ困難な状況にあった。
　当時の商人たち，とりわけ貴族社会を背景に血族によって強く結ばれていたヴェネツィアの商人たちの間では，元帳に損益勘定それ自体を設けない記帳法がごく自然に行われていた。なぜなら，今日のように所得税法がまだ制定されていない当時においては，厳密な損益計算など必要なかったからである。また，このような状況下では，たとえ損益勘定が設けられた

としても，それは，単に元帳の他の諸勘定を締め切るための結算勘定として機能していたに過ぎず，企業の総括的な期間損益を計算するための決算勘定としての役割を果たしていたわけではない。このような損益勘定をイギリスの会計史家 B.S. ヤーメイは，「寄せ集めの勘定(ホッチ・ポッチ)」と呼んだ[1]。

　複式簿記発生当初のヴェネツィアでは，商人たちは，個人ないしはせいぜい家族で組合（ソキエタス）を結成し，取扱商品や航海（旅行）ごとに設けられたいわゆる口別商品勘定すべてが売却済みになった時点で初めて各荷口別の商品勘定を締め切り，荷口別の損益を算出していたに過ぎなかった。

　それに対して，同じ時代でも，フィレンツェの商人たちは，ヴェネツィアの貴族社会とは異なり，血族による結社を否定して第三者による組合（マグナ・ソキエタス）を結成した。そのため，必然的に組合員相互間での利益分配が要求された。しかし，まだ複式簿記による継続記録で企業全体の総括損益を計算することが出来なかったため，やむなく実地棚卸によってビランチオ（財産目録と利益処分計算書が結合された一種の棚卸目録）を作成して，そこで企業全体の総括損益を算出した。

　このように，ヴェネツィアとフィレンツェの商人たちの間では，両者の政治体制の相違によって損益計算の形態にも大きな違いが見られたが，いずれも元帳に集合損益勘定を設けて，企業全体の総括損益を計算する段階までには未だ進化していなかった。

寄せ集めの勘定としての損益勘定

　初期の損益勘定には，たとえ元帳に集合損益勘定が設けられていたとしても，そこには資産・負債・資本に関する勘定までもが転記され，あたか

1　Yamey [1978], p.109.

も今日の試算表を想起させるものもあった[2]。このように，当時の集合損益勘定は，決算に際して，すべての元帳勘定を締め切るために設けられた単なる結算のための締切勘定に過ぎなかった。そこには収益や費用だけではなく資産や負債も一緒くたに転記され，単に元帳を締切るための寄せ集めの勘定の体(てい)をなしていた。このような損益勘定では，当然のことながら，企業全体の総括損益を計算することは出来ない。ヴェネツィアの家族組合で見られるように，そこでは取扱商品の荷口別に設けた商品が売却済みになった時点で，荷口別商品ごとのいわゆる口別損益が計算されたに過ぎない。複式簿記の発生当初のヴェネツィアでは，簿記は，損益計算ではなく単に文書証拠（公正証書の代わり）の役割を果たしていたといえる。

　このように，複式簿記の発生当初から完成までの約100年の間は，複式簿記によって総括的な企業損益を計算するまでには至っていない。そのため，資産・負債の総額を実地棚卸によって時価評価し，利益分配に必要な損益は，そこで求めた純資産（正味財産）の総額を前期のそれと比較して算出した。この点が，同じ時代でありながら，単に荷口別の損益を売却済になった時点でいわゆる口別損益を求めたヴェネツィアの損益計算制度とフィレンツェの損益計算制度との大きく異なるところである。

ビランチオの利益の検証

　しかし，実地棚卸のみで企業損益を求めるならば，そこで求められた損益の信憑性が問題になる。その結果，記帳係は，ビランチオで算出した利益を何らかの方法によって証明する必要性に迫られる。信頼できる，しかも何時でも誰によっても検証できる確かな損益計算方法が求められたのである。それこそが継続的な記録にもとづく，すなわち複式簿記による損益

2　渡邉［1993］25頁。

計算なのである。フィレンツェにおける期間組合の出現が継続的な記録にもとづく企業全体の総括的損益計算を生みだし，企業損益の算出技法としての複式簿記を完成させた第一義的な要因といえる。複式簿記が誕生して100年を超える時を要して初めて完成の域に達した。まさに14世紀前半のことである。

　ここで一つだけ注意しておかなければならないことがある。継続的な記録にもとづかないビランチオによる損益計算は，複式簿記の生成以前から行われていたのではないかという疑問である。この疑問は，当然のことである。確かに，資産の測定は，実地棚卸のみによって求めることも可能であるが，債務については，継続的な記録で求める以外に方法はない。実務的には，継続記録にもとづかないでビランチオを作成することは出来ない。したがって，複式簿記の成立以前からすでにビランチオにもとづく損益計算が存在していたという解釈には矛盾が残る。

1-3　ヴェネツィア式簿記とフィレンツェ式簿記

ヴェネツィア式簿記の特質

　損益計算制度の歴史的展開過程をもう少し厳密に見ていくと，同じく13，14世紀のイタリアといっても，ヴェネツィアとフィレンツェでは損益計算の方法を大きく異にしていた。

　13-15世紀のヴェネツィアの政治体制は，貴族を中心にした絶対的な権力を持つ大評議会によって統治され，血縁を中心にした貴族によって統治された社会であった。そこでの企業形態は，必然的に，個人ないしは血縁を軸にした家族組合が中心であり，特定の20から30の有力な貴族出身の

(アンドレア・バリバルゴの元帳:1430-40年)

(アンドレア・バリバルゴの仕訳帳:1430-40年)

家族によって寡頭政治が形成されていた[3]。そのため、ヴェネツィアを中心にした家族組合では、企業全体の総括損益を厳密に計算しなければならない現実的な必要性は、所得税法がまだ施行されるに至っていない時代においては、それほど強くはなかった。

そのような企業形態のもとでは、損益計算は、取扱商品の荷口別ないしは航海（旅行）別に勘定を設けて、全ての商品が売却済みになるか航海（旅行）が終了した時点で行われたに過ぎない。いわゆる、口別損益計算といわ

---

3 斎藤［2002b］301-312頁。

れる損益計算システムである。今日のように1年ないしは半年ごとに企業全体の総括損益を計算するシステムは，まだ登場していない。定期的に期間を区切った総括損益の計算は，必要とされていなかった。

フィレンツェ式簿記の特質

　それに対して，同じ時代でも，フィレンツェでは，ヴェネツィアとは異なり貴族（豪族）による政治支配を否定して，一般の市民が同職組合（アルテ）を結成し，フィレンツェの政治・経済の事実上の中心に位置した。そのため，血族による同族組合（家族組合）を超えて，第三者とも共同して事業を行う期間組合が支配的になってくる。それに伴い，初期においては必ずしも定期的ではなかったが，期間に区切った損益計算が行われるに至った。なぜなら，他人と組んで事業を行うのであれば，どこかの時点で必ず利益を

（ソランツォ兄弟会社の元帳：1406-34年）

4　斎藤［2002b］313-336頁，森田［1999］17-27頁。

（デル・ベーネ商会の商品勘定：1321年）　（デル・ベーネ商会の仕訳帳：1390-1392年）

分け合う必要が生じるからである。

　このような利益分配の現実的な必要性から，商人達は，取扱商品が売却済みになるのを待たずして，必ずしも定期的ではなかったが，期間に区切って企業全体の総括損益を計算する方法をとるに至った。同じ時代でも，親子兄弟といった血縁で結ばれた家族組合を結成していたヴェネツィアの商人たちの損益計算とは，大きく異なるところである。

　しかし，複式簿記誕生の初期の段階では，まだ集合損益勘定が元帳内に設定されていないか，設定されていたとしてもそこには費用収益だけではなく資産負債も転記されたため，損益勘定で企業全体の総括損益を計算することは出来なかった。複式簿記にもとづく継続的な記録，すなわち集合損益勘定によって利益を求めることが出来なかったのである。そのため，

実地棚卸によって作成したビランチオ（利益処分結合財産目録）で利益を求め，それによって利益の分配を行っていた。

その1例として，例えば，14世紀初めのフィレンツェのデル・ベーネ商会の帳簿やアルベルティ商会の第1組合の秘密帳をあげることができる。そこでは，損益の算定および利益の分配は，集合損益勘定ではなく，帳簿記録とは関係のない実地棚卸によって作成されたビランチオによって行われていた[5]。いわば，純粋の資産負債観（アセットライアビリティヴュー）（資産負債アプローチ）によって利益を求めていたということが出来るのかも知れない。

損益勘定で計算された利益とビランチオで計算された利益の間に大きな隔たりが生じたときには，損益勘定が利益の分配過程を通じて，資本金勘定に接続されることはなく，利益配当や損失負担の決定には，ビランチオの結果が優先された。結局のところ，損益勘定よりもビランチオが期間組合の損益計算の手法として重視されていたといえる[6]。このビランチオ重視の考えは14世紀トスカーナにみられた一般的な傾向である。損益勘定残高の数値にさほどの信頼性がおかれなかったことは，デル・ベーネのみならず，ペルッチやコボーニの会計帳簿からも窺うことができるといわれている[7]。損益勘定の利益を正式の利益と見なすようになるのは，14世紀の半ば近くになってからのことである。

---

5 Alvaro [1974], Part 1, p.427, p.431.
6 泉谷［1997］170-171頁。
7 泉谷［1980］241頁。

1-4 通説における損益計算制度の発展シェーマ

通説による口別損益計算制度

これまでの通説によると，複式簿記の発生当初の損益計算制度は，取扱商品の荷口別に勘定を設け，それらの商品がすべて売却済みになった時点で初めて当該勘定を締め切り，各荷口別の商品毎に利益を計算するシステムであると説明していた。このような損益計算制度を口別損益計算制度と呼び，その最大の特質は，①取扱商品の荷口別に勘定を設定し，②各荷口別商品がすべて売却済みになった時点で締め切って荷口別の損益（具体的には，荷口別商品毎の粗利益）を計算したところに求められた。すなわち，全体損益計算である。この荷口別の損益計算制度を期間に区切った損益計算制度へと進化させていったのが17世紀のオランダであり，フランドル地方を中心にした多くの定住商の出現であったとするのがこれまでの定説であった（次頁の図表1-1を参照）。

したがって，口別損益計算の最大の特質を取扱商品の荷口別に勘定を設けるところに求めたため，口別損益計算から進化した損益計算制度，すなわち期間損益計算制度の特徴は，荷口別に商品勘定を設定するのではなく，すべての商品を一括して処理するところにあると考え，一般商品勘定の出現が期間損益計算を誕生させた第1の要因であると推定した。ここに，最大の誤りがあった。なぜなら，すぐ後で見ていくように，例え商品勘定を取扱いの商品毎に設定したとしても，それらすべての口別商品勘定を一定期間ごとに締め切り，企業全体の総括損益を計算することは可能であるからである。そもそもこれが間違いの第1歩であった。

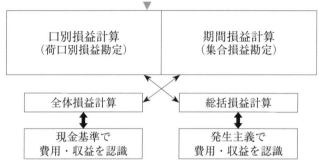

[図表1-1] 通説による損益計算システムの発展

通説の口別損益計算の特徴

　繰り返しになるが，従来までの定説における口別損益計算の最大の特質は，①勘定が取扱いの荷口別ないしは航海（旅行）別に設けられ，②この荷口（航海・旅行）別に設けられたいわゆる口別商品勘定がすべて売却済みになるまで締め切らない全体損益計算にある。

　この口別損益計算が新たな損益計算制度である期間損益計算に進化していくメルクマールとしては，通説では，①一般商品勘定の出現と②期間損益の計算にとって前提になる発生主義にもとづく収益費用の計上，の二つを挙げている。

　この点に関しては，図表1-1を参照すれば，従来までの損益計算制度発展の構図における口別損益計算と期間損益計算の特質を［口別損益計算＝全体損益計算，期間損益計算＝総括損益計算］と措定したため，必然的に一般商品勘定の出現と発生主義の登場が期間損益計算を誕生させたメルクマールになったことがわかる。しかし，事実は，違っていた。

損益計算制発展の本当の姿

　損益計算制度の歴史的展開の真の姿は，現実には，次節の最後で示した図表1-2のような形態を辿って展開していくことになる。すなわち，本来は，荷口別に勘定を設けて取扱商品毎のいわゆる口別損益を計算する方法に対立する損益計算システムは，期間に区切った損益計算制度ではなく，商品を一括して企業全体の損益を計算する総括損益計算であるはずなのである。

　それに対して，ある特定の期間に区切った損益計算システムである期間損益計算制度に対峙する損益計算制度は，期間を前提にしない，期間を区切らずにすべての商品が売却済みになった時点で初めて損益を計算するシステム，すなわち全体損益計算であるはずである。この［口別損益計算⇔総括損益計算，期間損益計算⇔全体損益計算］の関係が［口別損益計算⇔期間損益計算］にすり替えられてしまった。ここに誤りの出発点があった。口別損益計算から期間損益計算への発展という図式は，本来，座標の異なるシステムを同一座標に位置づけたことになる。

誤った解釈の源泉

　では，何故このような誤った解釈がなされたのであろうか。口別損益計算は，全体計算であるため，収益・費用を当期のそれと次期のそれとに識別する必要がない。それ故，発生主義による収益・費用の認識は，期間損益計算が行われることが前提になる。その結果，期間損益計算に先立つ口別損益計算では，収益・費用の認識は，期間損益計算のもとでの発生主義に先立つヨリ原始的な認識手段である現金主義で行われていたであろうとの推測がなされ，その考え方が今日まで継承されてきたのである。現金収支による財産管理の把握が少なくとも発生主義による認識よりも単純な方法であると捉えていたからであろう。

第1章　損益計算制度の展開：「口別損益計算から期間損益計算へ」の誤り　15

(14世紀の両替商の場面：作者不詳：Yamey, B. [1986], p.79.)

　しかし，これは，あくまでも頭の中で考えた理論的な推論に過ぎない。現実には，複式簿記における日々の継続的で正確な取引記録を誕生させたのは，信用取引の発生である。この信用取引の発生が単なる債権債務の備忘録を損益計算にまで揚棄させた最大の要因になったのは，すでに良く知られているところである。

　13世紀のイタリアの商人は，十字軍に参加した騎士や諸侯に用立てた貸金を回収するために北西ヨーロッパに出向き，その帰りにフランドル地方やイングランドの毛織物を持ち帰り，北海・バルト海商業圏と地中海商業圏を結ぶ商工業の隆盛を背景に，その繁栄を欲しいままにしたのである。その結果，金融業を中心にして商業が発達し，多くの資金がイタリアに集積され，信用取引や為替取引が生まれた。とりわけ，フィレンツェやヴェネツィアやゼノアやピサには，多くの商人が集まり，銀行業（両替商）や商業が大いなる繁栄をみることになる。[8]

8　清水［1982］38-40頁。

とりわけ，フィレンツェの商人たちは，ヴェネツィアの商人たちとは異なり，他人と組んだ組合を結成していたため，組合員相互間での利益分配の必要性から，当初は必ずしも定期的ではなかったが，期間に区切った損益計算を行っていたのである。

発生主義は複式簿記の誕生と共に

論より証拠ではないが，発生主義が複式簿記の誕生と同時に行われていたという事実を立証するものとして，われわれは，ファロルフィ商会サロン支店の元帳（1299-1300）をあげることが出来る。そこではすでに，経費勘定からの未使用食料品の控除が行われていた事実や前払地代の計上（期間配分）がすでに行われていた事実を現存する商人の帳簿において確認することができる。[9]

また，債権債務の備忘録として誕生した複式簿記は，発生当初から単に現金取引だけではなく信用による売上や仕入を当期の売上収益や仕入費用として計上している。決して現金の収支をもって当期の収益や費用と認識していたわけではない。複式簿記は，生まれながらにして，発生主義によって収益・費用を計上していたのである。

パチョーリの『スンマ』は口別損益計算かそれとも期間損益計算か

余談ながら，1494年にヴェネツィアでルカ・パチョーリによって著された世界最初の簿記書における損益計算が口別損益計算であったのかそれとも期間損益計算であったのかがしばしば議論になってきたし，今もなお1部において議論されている。

従来の定説によると，13頁の図表1-1から明らかなように，時代的に

---

9 泉谷［1980］112頁．

もまた地域的にも，パチョーリの説く損益計算制度は，口別損益計算であったことになる。しかし，正しくは，22頁に示した図表1-2を見れば明らかなように，パチョーリの『スンマ』で論述されている損益計算システムは，必ずしもまだ1年毎の定期的ではなかったが，期間に区切った損益計算，すなわち先駆的期間損益計算であったことがわかる。

　『スンマ』の出版が14世紀末であり，16世紀前半の定期的な期間損益計算制度の完成を目前にした時代背景を考えれば，パチョーリ自身，1年毎の定期的な期間損益計算が好ましいと思い，その思いを簿記書の中で説明したであろうことは，容易に推測できるところである。また，当時でもすでに，1年毎に帳簿を締切って，期間損益の計算をなしていた商人たちもかなりの数でいたであろうことも，容易に想像できる。いくらかは，ヴェネツィアの損益計算システムを残しながら，新たな期間損益計算へと進化していく時代の特質がパチョーリの『スンマ』に凝縮されていたということが出来るのではなかろうか。

1-5　通説が誤った解釈をした理由

口別損益計算の呼称の由来
　損益計算制度の展開に関して通説が誤った解釈をした最大の原因は，第1に，口別損益計算という用語そのものの中にある。この口別損益計算（Partierechnung）という概念は，かのシュマーレンバッハ（1873-1955）によって，貸借対照表ではなく損益計算書を企業損益計算の中心に位置づけるいわゆる動態論下における期間損益計算の意義ないしは特質を強調するために，全体損益計算との関連で対比的に用いられた考え方であるのは，

すでに良く知られているところである[10]。

誤解の理由（1）

　従来，口別損益計算は，その最大の特徴である荷口別に設けられる商品勘定の「口別」が強調されるあまり，商品勘定が取扱商品の荷口別ないしは航海（流行）別に設定されることそれ自体が口別損益計算の第1の特質と見なされてきた。そのため，口別損益計算と期間損益計算を区分する最大の相違点を勘定内に設置される商品勘定が荷口別に設けられる口別商品勘定であったのかそれらを一つの勘定に統括した一般商品勘定であったのかに求めた。それ故，期間損益計算の出現のメルクマールに一般商品勘定の登場を掲げたのである。しかし，すぐ後で詳しく述べるが，一般商品勘定の登場は，通説で言われている期間損益計算が出現する17世紀ではなく，遥か後の19世紀に入ってからのことである。

誤解の理由（2）

　通説の誤りの第2の原因は，ヴェネツィア式簿記とフィレンツェ式簿記の違いを認識できていなかったことにある。言うまでもないことであるが，歴史研究の基本は，比較研究である。この比較研究は，時間軸の相違による比較という考えが一般的であるが，それと同程度，空間軸の相違による比較研究も重要である。たとえ同じ時代であったとしても，国や地域を異にすれば，当然のことながらそこでの文化や技術や政治等の違いによって，そこにおける様々な制度にも大きな相違を生み出す。空間軸の相違による比較研究が重要になる要因がここにある。

　会計学研究のバイブルに，世界最初の簿記書ルカ・パチョーリ（1445-

---

10 Schumalenbach [1939], S.60.

1517)の『算術，幾何，比および比例総覧』(通称『スンマ』)が上げられる。本書は，ヴェネツィアで出版され，そこで記述された内容も当時のヴェネツィアの商人の簿記法を解説したものであった。いわばこのバイブル的な存在であるパチョーリの『スンマ』(1494)の影響が余りにも強かったため，13世紀にイタリアで発生した複式簿記は，すべからくヴェネツィアで行われている簿記法と同じであったという思い込みがあったのではなかろうか。しかし，現実は，同じ13世紀のイタリアにおいても，図表1-2で明らかなように，ヴェネツィアとフィレンツェでは，当時の両者における企業形態の相違を反映して，複式簿記の記帳法にも大きな違いが生じていたのである。

先に述べたように，フィレンツェでは，他人との共同出資による組合が結成されたため，そこではある時点で，組合員相互間で利益を分配しなければならない現実的な問題が生じていた。同じく13世紀初頭であっても，フィレンツェの商人たちは，ヴェネツィアとは異なり，血族を離れた第三者と組合を結成して事業を運営していたため，必ずしも定期的ではなかったが，どこかの時点で，組合員相互間での利益分配が必要になる。そのため，彼らは，すべての商品が売却済みになって初めて損益を計算するヴェネツィア式の全体損益計算ではなく，期間に区切った損益計算を行っていたのである。

誤解の理由 (3)

通説の誤りの第3の理由は，複式簿記は，口別損益計算制度として誕生し，後に期間損益計算へと発展したと解釈したため(図表1-1参照)，期間損益計算が費用・収益を発生主義で認識していたのであるなら，それに先立つ口別損益計算は，発生主義よりもよりプリミティブな現金主義で費用・収益を認識していたであろうと推論したところにある。

期間損益計算は，当期に実現したすべての収益と当期に発生したすべての費用を対応させて当期の純利益を計算する損益計算制度である。したがって，収益・費用の認識基準としては発生主義（収益に関しては実現主義）が前提になる。そのため，期間損益計算制度に先立つ口別損益計算制度の下では，発生主義に先立つ単純な認識基準である現金主義によって収益・費用を認識していたというのである。しかし，認識基準というのは，厳密には，今期に生じた収支のうち，当期の収益・費用と次期以降の収益・費用に識別する基準である。したがって，全体損益計算である口別損益計算制度の下では，今日生じた収益や費用を本来それぞれが該当する適正な期間に割り当てるという識別の問題が生じる余地はないのである。

帳簿の信頼性の担保

複式簿記を誕生させた第一義的な要因は，信用取引である。物々交換や現金取引であるなら，その場で決済が終了するので，なにも記録する必要などない。信用取引が生じると，人の記憶には限界があるため，すべての取引を正確に覚えておくのは困難というか不可能に近い。そのため，後になって，「すでに返した，いやまだもらってない」といったトラブルが発生する恐れが生じる。

このトラブルを回避するために，債権債務の備忘録として複式簿記による記録が誕生する。そのためには，当然のことながら，この帳簿記録が正しく記帳されていることが前提になる。余談になるが，記帳に誤りや不正がないことを担保するために，中世のキリスト教社会では，帳簿の初めに十字架とともに「神の名において，アーメン」（In Nome di Dio, Amen）と書き込み，帳簿の正確性を担保するために神の力を借りていたということもできる。

複式簿記による帳簿記録が公正証書の代役を果たすほどの信頼性を有し

第1章　損益計算制度の展開：「口別損益計算から期間損益計算へ」の誤り　21

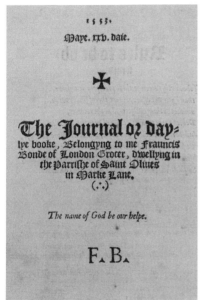 

（ピール『新しい手引き』：1543年）　　（トーマス・グレシャムの帳簿：1546年）

ていることを広く一般の人にも認めてもらおうとしたのであろう。帳簿に十字架とともに神への誓いの言葉を書き込んだ行為は，信用取引の発生が複式簿記を誕生させたことを明確に物語っている証左になるであろう。この十字架や神に誓う言葉が帳簿から消えていくのは，継続的な記録を書き留めた帳簿が，信頼できる文書証拠として，すなわち公正証書と同等の市民権を得るに至ってからのことである。したがって，帳簿の中から十字架や神への誓いの言葉が消えていくのは，16世紀後半から17世紀に入ってからのことである。

損益計算制度発展の真の姿

　損益計算制度の発展は，図表1-2で示したように，ヴェネツィアとフィ

レンツェでは，政治体制の相違が企業形態にも大きな影響を及ぼし，その結果，損益計算制度にも大きな違いをもたらした。

　複式簿記発生当初の 13, 14 世紀では，ヴェネツィアの商人たちは，口別損益計算制度によって取扱商品の荷口別に損益を求めていたが，同じイタリアでも，フィレンツェの商人たちは，それとは異なり，必ずしもまだ定期的ではなかったが，期間に区切った総括損益を求めた。先駆的期間損益計算制度である。ヴェネツィアにおいても期間に区切った総括損益計算が求められるようになるのは，14 世紀の前半になってからのことである。

　損益計算制度の歴史的な展開過程は，ここで示した図表 1-2 ですべてが集約されているといっても過言ではない。しっかりと脳裏に焼き付けてもらいたい。

[図表 1-2]　三つの損益計算システムの関連

	13世紀始め(1211) (複式簿記の誕生) 非期間損益計算	14世紀前半(1300年代) (複式簿記の完成) 非定期的期間損益計算 『スンマ』(1494)	16世紀前半(1543) (期間損益計算の成立) 定期的期間損益計算
ヴェネツィア	口別損益計算 (荷口別損益勘定) 全体損益計算	(集合損益勘定)	期間損益計算 (集合損益勘定) 総括損益計算
フィレンツェ	先駆的期間損益計算 (誕生時：ビランチオ，完成後：集合損益勘定) 総括損益計算		

＊期間損益計算生成のメルクマール：一般商品勘定の出現ではなく，期末棚卸商品(売残商品)の認識

いわゆる現金主義は認識基準ではない

　発生主義に先立つ認識基準が現金主義であるとする一般的な理解そのも

のが間違っている。なぜなら，いわゆる現金主義というのは，認識基準ではないからである。

これまで一般に理解されてきた現金主義と言われている認識基準は，現金の収入をもって収益とし，現金の支出をもって費用とする基準である。しかし，現金収入が生じた時点でそれをすべて収益とし，現金支出があった時点でそれをすべて費用とするのが現金主義と呼ぶ認識基準であるとするなら，実際に生じた現金収支をどの期間の収益と費用に識別するかという判断基準は，まったく必要ないのである。したがって，識別するための基準も必要ないことになる。

認識基準というのは，今日の期間損益計算を前提にする損益計算制度のもとで，収益・費用の期間所属を具体的に識別する基準である。当期に発生した収益・費用と当期に属さない収益・費用を識別する基準である。だとすれば，現金主義の下では，その期間に受け取ったすべての現金収入がそのまま収益になり，その期間に支払ったすべての現金支出がそのまま費用になるのであれば，識別する基準などどこにも必要とされないのはいうまでもない。

したがって，口別損益計算のもとで言われているいわゆる現金主義というのは，決して識別のための基準ではなく，単に現金の収支を収入ないしは支出と見なす処理法に過ぎないのである。現金収支にもとづく差額計算による純財産の計算は，貨幣の出現と同時に行われていたといっても過言ではない。単なる財産管理のための現金収支記録と損益計算は，別のものである。

1-6 正しい損益計算制度の展開過程

　通説によると，口別損益計算の特質は，①荷口別に商品勘定を設定して口別商品ごとの損益を計算する，②期間損益計算ではなく，企業の設立から解散までの全期間の損益の全体損益計算を行う，の二つにある。それに対して期間損益計算の特質は，①全体損益計算ではなく期間に区切って損益を計算する，②取扱商品の荷口別の損益ではなくすべての商品を一括した総括損益を計算する，の二つにあった。

通説による口別損益計算制度の特質
　いわゆる口別損益計算制度の最大の特質である取扱商品を荷口別の勘定に設けるという点に大きな影響を受け，荷口別ではなくすべての商品を一括して処理する一般商品勘定の出現が期間損益計算のメルクマールになると考えた。これがそもそもの間違いの出発点になったのは，すでに述べた通りである。もし，口別損益計算制度の本質をこのように商品勘定が取扱い商品毎に設けられる損益計算制度と規定するなら，それに対する損益計算制度は，期間に区切った損益計算ではなく，すべての商品を一括して損益を計算する総括損益計算制度でなければならない。また，期間損益計算制度の本質を期間に区切った損益計算とするならば，それに対する損益計算制度は，荷口別の損益計算ではなく期間を前提にしない全体損益計算でなければならいはずである（図表1-1を参照）。
　すなわち，通説の解釈は，口別損益計算の口別という用語があまりにも強烈であったため，それに引きずられて，それに対立する期間損益計算の特質を口別商品ごとの損益計算ではない企業全体の総括損益計算と概念づ

けたところにある。その結果，一般商品勘定の出現が口別損益計算制度を揚棄して，期間損益計算制度を誕生させる要因に違いないと頭の中で理論づけたのである。しかし，現実は違っていた。

ヴェネツィア式とフィレンツェ式の違いの認識

　こうした誤解の最大の原因は，ヴェネツィア式簿記とフィレンツェ式簿記の違いを明確に峻別できていなかったことに起因している。歴史研究の原点は，比較研究にあるが，その中でも，空間と時間の両者の比較が重要になる。得てして，歴史研究は，異なる時代の比較が一般的と思われがちであるが，同じ時代の異なる場所との比較も重要になってくる。

　すでに述べたように，複式簿記発生時のヴェネツィアは，貴族を中心に血族で構成された世襲制による大評議会によって支配されていた。そのため，そこでの企業形態は，必然的に，個人・家族ないしは血縁を中心にした家族組合（ソキエタス）が中心であった。それに対して，同時代のフィレンツェでは，ヴェネツィアと同じアルテ（同職組合）を結成したが，そこではヴェネツィアとは異なり，血縁による組合の結成を否定し，血縁以外の第三者と組んだ期間組合（マグナ・ソキエタス）が結成された[11]。他人と結成した組合であったため，当初は必ずしも定期的ではなかったが，どこかの時点で，期間に区切って企業の総括損益を計算し，組合員相互間でそれまでに獲得した成果を分配する，すなわち利益分配を行う必要性が生じた。

　期間に区切って正確な損益計算をするためには，売上収益に仕入原価ではなく売上原価を対応させて求めなければならない。そのために必ず必要になるのが，売残商品の認識である。期間に区切って損益を計算するた

11　渡邉［2014］20-21頁。

には，厳密に解釈するならば，期末棚卸商品を仕入総額から控除し，売上収益と仕入原価ではなく売上原価を対応させなければならない。期末棚卸商品の評価である。この評価があったか否かが，期間損益計算が行われていたか否かを判断する重要なメルクマールになる。決して一般商品勘定の出現や発生主義による会計処理の有無が期間損益計算成立のメルクマールになるのではない。

事実は初めから発生主義

　もし，通説のように，損益計算制度が口別損益計算から期間損益計算に進化し，その期間損益計算を誕生させたのが発生主義であり，期間損益計算に先行する口別損益計算の認識基準が現金主義であるというのであれば，この理論的な推測は，歴史的事実に反することになる。

　損益計算制度の歴史的な展開過程は，正しくは図表1-2のようになる。すなわち，13世紀初めの複式簿記の誕生当初では，ヴェネツィアとフィレンツェでは，損益計算制度の在り方を異にしていた。同時代でありながら，前者においては口別損益計算が行われ，後者では先駆的期間損益計算が行われていた。しかし，14世紀の前半頃までには，ヴェネツィアもフィレンツェも非定期的な先駆的期間損益計算へと統一され，遅くとも16世紀の前半には，1年ごとの期間損益計算（年次決算）制度へと進化していく。これが歴史的事実である。期間損益計算の登場は，17世紀まで待つことはなかった。

　なお，口別損益計算，先駆的期間損益計算，期間損益計算（年次損益計算）の三者の特質を比較して示せば，次頁の図表1-3のようになる。

[図表 1-3] 複式簿記形成過程における損益計算形態の相違

時　代	13世紀始め～14世紀前半	14世紀前半～16世紀半ば	16世紀半ば以降
地　域	ヴェネツィア（以下の各欄の破線の上段）		アントウェルペン
	フィレンツェ（以下の各欄の破線の下段）		
商業形態	個人・家族組合		定住商人（組合）
	期間組合		
簿記の出現	複式簿記の発生	複式簿記の完成	年次決算の出現
記帳目的	債権債務の備忘録（文書証拠）	総括損益計算	年次損益計算
	利益分配計算		
損益計算のシステム	口別損益計算（各荷口別商品勘定の売却済ごとに計算）		期間損益計算（1年毎に計算）
	先駆的期間損益計算（非定期的に計算）		
損益の種類	荷口別損益	集合損益勘定による非定期的総括損益	定期的総括損益
	ビランチオによる非定期的総括損益		
損益が計算される場	口別商品勘定	集合損益勘定	
	ビランチオ		

第2章

収益・費用の認識基準

「現金主義から発生主義へ」の誤り

- 2-1 損益計算と認識基準
- 2-2 会計的認識の本質
- 2-3 発生主義の前身は現金主義か
- 2-4 会計は生まれながらにして発生主義
- 2-5 現金主義としての割賦回収基準

2-1 損益計算と認識基準

従来までの認識基準の解釈

　一般に，会計は，経済事象を識別（認識）し，測定し，伝達するプロセスであると言われる。ここでいう認識とは，日々発生する多くの様々な経済事象の中で，会計上の取引として帳簿に記録するために識別する行為をさしている。言い換えると，日々の取引の中で起きた様々な現実の経済事象のうち，当期の純利益ないしは包括利益を計算するにあたり，発生した取引を当期の収益・費用として帳簿に記帳する取引と記帳しない取引とに峻別する行為が認識である。

　この会計上の認識に関する基準は，従来わが国では，「現金主義から発生主義へ」の展開として理解され[1]，多くの会計の基本書や入門書あるいは教科書等でその正否が検証されることなく受け入れられ，今日まで継承されてきたといえよう。しかし，これは，明らかに歴史的事実と反する解釈なのである。

　では，損益計算の基本である収益・費用の認識基準の史的展開を「現金主義から発生主義へ」として捉えてきた通説のどこに誤りがあり，何故このような歴史的事実と異なった解釈が今日に至ってもなお無批判的に認知されているのかを明らかにしなければならない。従来の伝統的な解釈である収益・費用の認識基準の誤りを指摘し，正しい展開過程を提示すること

---

[1] 現金主義，発生主義といわれる両者は，本来，収益，費用を認識するための基準（ベイシス）であり，主義ではない。したがって，厳密には，現金基準，発生基準というのが好ましいが，ここでは一般的な用法に従い，現金主義，発生主義と呼ぶことにした。

が必要である。それを通して，会計ないしはその計算構造を支えてきた複式簿記の本来的な役割が何であるのかも併せて提示する必要がある。

会計の役割と認識（識別）基準

かつてAAAは，会計を「情報の利用者が判断や意思決定を行うにあたって，事情に精通したうえでそれができるように，経済的情報を識別し，測定し，伝達するプロセスである[2]」と規定した。ここでいう識別とは，ごく分かりやすく言うならば，さまざまな経済事象，すなわち商取引を会計上の取引として認識するか否かの基準，すなわち会計帳簿に記帳するか否かを識別する基準のことを指している。そのため，会計上の識別は，一般に認識と同義的に解釈されている。

この認識に対して，アメリカ財務会計基準審議会（FASB）は，「認識とは，ある項目を資産，負債，収益，費用またはこれらに類するものとして，企業の財務諸表に正式に記録するかまたは記載するプロセスである[3]」と規定している。国際会計基準（IAS）では，「認識とは，構成要素の定義を満たし，パラグラフ83で説明する認識のための基準を充足する項目を貸借対照表および損益計算書に記載するプロセスをいう[4]」としている。わが国の企業会計基準委員会（ASBJ）でもほぼ同様に，「財務諸表における認識とは，構成要素を財務諸表の本体に計上することをいう[5]」と定義している。

これら三者の定義を要約すると，認識（識別）とは，帳簿上に記録する

---

2 AAA [1969], p.2. 飯野訳［1969］2 頁。

3 FASB [1984], "Recognition and Measurement in Financial Statement of Business Enter-prises", No.5, Par6, New York. 平松，広瀬共訳［1996］212 頁。

4 IASB [2006], par.82，F27. 企業会計基準委員会［2006］「財務諸表における認識と測定」．23 頁。

5 斎藤編著［2007］104 頁。

行為を指すことになる。より厳密には，当期に属する収益・費用と当期に属さない収益・費用とに識別して，当期の期間損益を計算する行為が認識である。ごく単純にいえば，様々な経済事象を会計上の取引と見なすか否かの判断をする行為である。

2-2 会計的認識の本質

　以上のことを今一度整理すると，会計上の認識というのは，すべての経済的事象のなかで会計上の取引として財務諸表の項目に該当し，ある経済事象が会計上の記帳対象となる取引であるか否かを判断し，識別する行為を指すことになる。
　具体的には，現代会計は，期間損益計算を前提にしているため，認識という行為をより狭義に解釈すると，繰り返し述べているように，資産，負債，純資本，収益，費用の計上にあたり，当期の帰属分と次期以降のないしは前期の帰属分に区分するための基準を指していることになる。認識基準は，測定基準（取引を帳簿に記録する際，具体的にその金額をいくらで記帳するのかを決める基準）と並んで，会計の損益計算にとって最も基本的で重要な基準といえる。

口別損益計算のもとでの認識基準
　このように，より狭義に，認識基準を期間帰属の識別基準とすれば，いわゆる口別損益計算は，全体損益計算（非期間損益計算）であるため，受け取った収入や支払った支出を期間に割り当てて，それぞれの期間の収益や費用として配分する必要は生じない。そのため，認識に関する問題が生

じる余地はない。13, 14世紀のヴェネツィアの組合で見られたいわゆるヴェンチャー企業では，個々の取扱商品が売却済みになるまでは勘定を締め切って総括的な損益を計算しないため，当然のことながら，期間帰属を決定するための判断基準は，必要ないのである。

　その結果，口別損益計算のもとでは，総［現金］支出と総費用，総［現金］収入と総収益は，絶えず等しくなる。現金主義による損益計算も発生主義による損益計算も，期間という枠を取り払えば，そこで求められる損益の額が最終的には等しくなるのはいうまでもない。シュマーレンバッハの言う一致の原則である。期間損益計算が前提にされた時に初めて，収益・費用の認識基準が問題になる。収益・費用を期間に分ける必要が生じた時に始めて，どの期間の収益・費用にするのかという識別（認識）のための基準が必要になってくる。

　14世紀前半に複式簿記が完成して以降は，たとえ非定期的な損益計算であったとしても，複式簿記，すなわち継続的な記録にもとづく損益計算によって期間に区切った損益計算形態が定着すると，必然的に，発生主義にもとづく期間配分が行われてきた。したがって，逆に期間に区切らない口別損益計算のもとでは，収益・費用に関して，識別（認識）の問題が生じる余地はない。

識別のための基準が発生主義

　現金で支払った光熱費や現金で受取った家賃が当期の費用や収益になるのか，あるいは次期以降の費用や収益になるのかは，期間損益計算にとっては，極めて重要である。この収益・費用の期間帰属を識別する基準が認識基準である。現金主義であれば，支払った時点ですべてが費用になり，受け取った時にすべてが収益になる。それでは，支出した金額を当期と次期以降の収益・費用に分ける必要はない。

定期的であるか非定期的であるかを問わず，企業全体の総括的な期間損益を算出するためには，当該期間のすべての収益とすべての費用を対応させなければならない。そのためには，現実に生じた収益や費用が当期のものであるのか次期以降のものであるのか，ないしは前期のものであったのかを確定するための基準が必要になってくる。この識別のための基準が発生主義である。

先駆的期間損益計算のもとでの損益計算

期間に区切った損益計算は，複式簿記の誕生時点では，必ずしも，今日のように1年毎に行われていたわけではない。しかし，たとえそれが非定期的な損益計算（先駆的期間損益計算）であったとしても，期間に区切った損益計算のためには，発生した収益・費用の期間帰属を決める基準が必要になる。この期間帰属を決める基準が発生主義なのである。

非定期的ではあるが期間に区切った損益計算は，フィレンツェの期間組合において，複式簿記が発生した13世紀初頭からすでに行われていた。この非定期的な期間損益計算を先駆的期間損益計算と呼ぶのは，第1章で述べたところである。決して，通説の言うように，17世紀のオランダで登場したのではない。

しかも，前節で説明した図表1-2で明らかなように，非定期的な期間損益計算（先駆的期間損益計算）は，口別損益計算から派生したものではなく，すでに複式簿記の発生と同時に，口別損益計算と並行して出現している。通説の誤りは，第1に，何よりもヴェネツィア式簿記とフィレンツェ式簿記の相違を認識できていなかったこと，第2に，口別損益計算の「口別」があまりに大きなインパクトを与えたため，荷口別に商品勘定を設けるのが口別損益計算の特質と誤って理解したこと，第3に発生主義に先行する認識基準が現金主義であるとしたところに大きな原因があった。本来，

「口別」損益計算に対応する損益計算制度は「総括」損益計算であり,「期間」損益計算に対応する損益計算制度は「全体」損益計算なのである(図表1-1を参照)。詳しくは,次節以降で見ていくことにする。

2-3　発生主義の前身は現金主義か

通説の誤りの出発点

　ではなぜ通説のような誤りが継承されたのであろうか。収益・費用の認識基準は,これまでの通説によると,歴史的には,現金主義から発生主義への展開として理解されてきた。このような主張は,20世紀の半ばに至り,わが国の幾人かの権威ある会計学者によって展開され[6],今日に至ってもまだ多くの研究者によって検証されることなく,継承されているといっても過言ではない。

　わが国における会計史研究も,その初期においては,欧米の原史料を直接入手することが困難であった。そのため,限られた,しかも2次史料による分析に依拠せざるを得ず,点在する原史料の空白を理論的推測により穴埋めすることを余儀なくされた。その結果,史実と異なる推論があたかも現実の歴史的事実であるかのように,今日まで継承されてきたのである。どの分野にでも,よくあることである。

　ある特定の権威者がある学説を樹立したとき,多くの後継者は,その提唱者が偉大であり本物であればある程,初めから間違いなどあろうはずがなく,絶対的に正しいものと思い込み,権威者によって主張された考え方

6　黒澤［1951］,山下［1955］。

がそのまま鵜呑みにされ，継承されていく。こうして，知らず知らずのうちに各々の分野で定説というか常識が形成されてくる。いかなる名医も誤診のリスクから解き放たれることがないことを，本人はもとより，後学の徒も肝に銘じなければならない。

　この現金主義から発生主義へという認識基準の誤った展開は，一つには，現金主義による認識が極めて単純で明快であるため，これこそが認識基準の最もプリミティブな形態であるという思い込みがあったのではないかと推測される。二つには，前章で述べた損益計算制度の発展過程を口別損益計算制度から期間損益計算制度への展開として捉えたことに起因している。後者についてはすでに明らかにしたので，ここでは，前者について今少し詳しく分析していくことにする。

通説による認識基準の展開

　従来までの通説によると，損益計算の歴史的展開過程は，口別損益計算から期間損益計算への発展と単線上に描かれていた。これこそが認識基準の展開を誤って理解させていたそもそもの原点である。総括的な期間損益計算のもとでの認識基準が発生主義であるなら，それに先立つ全体損益計算としての口別損益計算のもとでの認識基準は，よりプリミティブな基準であるはずである。したがって，発生主義の原始的な認識基準は，現金収支を基準にした現金主義であり，そのため，複式簿記の発生当初では，発生主義に先立つよりプリミティブな基準である現金主義によって損益計算が行われていたに違いないと推論した。これが誤りの出発点であった（図表1-1を参照）。

　期間損益計算には，今日のように1年ごとに企業全体の総括的な期間損益を計算する期間損益計算だけではなく，非定期的ではあるが，企業全体の総括損益を計算する先駆的期間損益計算と概念づけられる損益計算制度

が複式簿記発生当初のフィレンツェですでに存在していた。

しかし，今日の通説を創り上げたのは，当時を代表する錚々たる学会を代表する研究者たちであった。彼らの主張によって，確固たる定説が築き上げられたのである。そこで，通説の代表的な二人の論者の説を紹介し，両者の学説のどこに誤りがあったのかを明らかにしていくことにする。

黒澤説による損益計算制度の展開

黒澤清はその著『近代會計學』において，「古い會計慣習においては，費用および収益の期間的決定は現金主義（cash basis）によって行われた。現金主義は費用の發生の基準を現金支出におき，収益の發生の基準を現金の収入におくところの會計処理の原則である。・・・現金主義は，信用取引がほとんど行われず，長期の固定資産が保有されていない場合には，會計上大した破綻を示さないですむが，取引の条件や資産および資本構成が複雑になった近代企業では，期間的損益計算の尺度として次第に役に立たないものとなったのである。そこで現金主義を拡大したオブリゲーション・システムとよばれる會計処理の原則があらわれた。・・・オブリゲーション・システムは，キャッシュ・ベイシス（現金主義）からアクリューアル・ベイシス（發生主義）への橋渡しの働きをなした會計基準である。よってこれを半發生主義と名づけておく[7]」と説く。そして，この現金主義から半発生主義，そして発生主義が生まれると主張する。

山下説による損益計算制度の展開

また山下勝治は，その著『會計学の一般理論』において，「収益・費用確認原則としての発生原則は，歴史的には，現金原則（cash basis principle）か

---

7 黒澤［1951］76-77頁。

ら発展したものであるから,その現金原則から発生原則への発展のうちに,この発生原則の意味を探り求めることができる。・・・現金原則の妥当する典型は,これを全体損益計算にみる。・・・中世の口別損益計算は,当座的な冒険取引の完了ごとに行われるので,それは一種の全体損益計算の形態にほかならないからである。そこに共通する性質は,全取引活動の完了をまって損益を計算するところに見られる。・・・そこでは,取引活動の中途において収益・費用を確認する必要がなく・・・現金収支計算が即損益計算となる。・・・そこに,現金原則の適用される最も明瞭な形をみる。・・・『発生』とは収益・費用の『対価』の発生を意味しており,・・・アメリカにおいて発生主義がオブリゲーション・プリンシプル（obligation principle）といわれ・・・発生原則に当る用語として用いられているゆえんである[8]」と述べている。

半発生主義という考え方

しかし,山下［1963］では,恐らくオブリゲーション・プリンシプル（半発生主義）という概念を用いることの矛盾に気が付き,以後の改定新版では,オブリゲーション・プリンシプルに関する説明は,削除されている（46-52頁）。このオブリゲーション・プリンシプル,ないしはベイシス（半発生主義）という考え方は,収益・費用の認識基準として歴史的に実在したものではなく,単に頭の中で考えた方法であろう。恐らく,黒澤と山下は,複式簿記の発生当初の認識基準を現金主義から発生主義への展開として説明したにもかかわらず,債権・債務の記録が複式簿記発生当初からすでに行われていたことが分かっていたため,両者の橋渡しが必要となり,このオブリゲーション・ベイシスという考え方を導入して,説明しようとした

---

8 山下［1955］98-103頁。

ものと思われる。

　会計的認識が現金主義から発生主義に進化したものの，現金主義で認識していた口別損益計算の下でも，信用取引にもとづく掛け売買がすでに現実に行われていたことは明らかであるため，その矛盾を穴埋めする苦肉の策として，現金主義と発生主義の中間的な認識手段として半発生主義という概念を考え出したというのが実情であろう。

発生主義は法律上の概念なのか
　この半発生主義という考え方が，信用取引を伴う債権債務の記録であったため，権利確定主義から生じた認識手段であったという解釈，すなわち法律上の概念であるという解釈が可能になった。そのため，半発生主義から進化した発生主義という認識手法もまた法律上の概念が持ち込まれたとのする解釈も一部に見られている。しかし，このような半発生主義という認識手法は，現実には存在しないし，半発生主義によって収益・費用が計上されることもなかった。発生主義は，法律上から生み出された概念ではなく，純粋に会計から派生した概念である。信用取引の出現が複式簿記を誕生させたのであるから，必然的に，複式簿記は，生まれた時から純粋な会計的認識である発生主義によって記録されていたのである。

　さらに付け加えて言えば，定説では，現金主義から発生主義への展開要因として，今日の市場経済の下では，収益・費用と現金収支との間にズレが生じてきたため，現金主義に代わる認識基準が必要になったと述べ，そのズレが拡大してきた原因として，①固定資産の比重の拡大（減価償却の出現），②信用制度の発達の二つを挙げている[9]。

　9　山下［1955］100頁，山下［1968］47頁。本書13頁の［図表1-1］も併せて参照。

両者の矛盾

　もし，彼らの主張するように，期間損益計算制度が発生主義の登場によって成立し，この発生主義による会計処理が固定資産の比重の拡大による減価償却の登場によって認識基準のズレが拡大し，そのことによって従来の現金主義に代わる新たな認識基準が必要になったために登場してきたというのであれば，そのズレの拡大の論議は，19世紀以降の話になる。発生主義の生成時点の論議とは，無関係である。また，すでに第1章で明らかにしたように，複式簿記を発生させた要因が信用取引であったことを念頭に置けば，複式簿記は，発生当初の13世紀において，すでに収益・費用を発生主義で認識していたことは，明らかである。

　複式簿記が債権債務の備忘録，ないしは文書証拠として出現したことを考えれば，信用取引の出現が複式簿記を誕生させた最も重要な要因であるのは，明らかである。信用取引にもとづく記録では，現金収入と収益，現金支出と費用の間に時間的なズレが生じるのは当然である。そのズレを認識したうえで，換言すれば，現金収入が必ずしも当該期間の収益ではなく，現金支出が費用にならないことを十分に認識して，現金収入とは異なる収益と現金支出とは異なる費用を対応させて期間損益を計算していた。複式簿記は，その誕生当初から，現金主義ではなく発生主義によって収益・費用を計上し，企業の期間損益を計算していたのは明らかである。

フィレンツェの商人は発生主義

　当時のイタリアの商人の帳簿では，13世紀の初めから，信用取引にもとづく掛売上や掛仕入れが計上されていた。とりわけ，フィレンツェの商人たちは，ヴェネツィアの商人とは異なり，必ずしも定期的ではなかったが，期間に区切った損益の計算を行っていたため，その当然の結果として，現金主義ではなく発生主義によって損益を計算することが要求された。

例えば，ファロルフィ商会サロン支店の元帳（1299-1300）では，経費勘定から未使用食料品の控除や前払地代の計上（期間配分）を行っていた記帳がはっきりと見出せる。[10]こうした帳簿上に現れた事実は，複式簿記の誕生時点からすでに発生主義による会計処理が行われていたことを明確に物語っている。

2-4 会計は生まれながらにして発生主義

現金主義は識別のための基準ではない

この未使用食料品の控除や前払地代の計上という事実だけをもってしても，会計が生まれながらにして発生主義で記録されていたことは，明白である。それに加えて，何よりも発生主義に先立つ認識基準として現金主義を想定したこと自体が誤りと言わざるを得ない。なぜなら，現金基準は，認識基準ではないからである。現金収支にもとづく収益・費用の計上には，収入がすべて収益であり，支出がすべて費用であるので，当期と当期以外の期間に識別する必要性がまったく存在しないからである。「現金主義から発生主義へ」という認識基準発展の歴史認識は，歴史研究が十分に進んでいなかった段階で，単に頭の中で考えた非現実的理論に過ぎなかった。

もちろん，今となってはたとえそれが歴史的事実に反する理論であったとしても，その時代においては，それなりの歴史的な役割を果たした理論であり，その理論があったからこそ，その理論を検証する過程で，従来の定説の矛盾点が浮き彫りになり，新たに正しい理論が構築されてきたと言

---

10 Alvaro [1974], pp.405-406. 泉谷 [1980] 113, 193 頁。

える。歴史とは，そういうものである。

　認識（識別）基準というのは，現実に発生した収益・費用を当期の収益・費用と次期以降（ないしは前期）のそれに分ける基準を指す。そのため，必然的に，期間損益計算を前提にした基準になる。言い換えると，発生主義にもとづく損益計算は，それが先駆的な期間損益計算であったか年次ごとの期間損益計算であったかを問わず，期間損益計算の出現とともに誕生したのである。すなわち，発生主義は，フィレンツェにおいて複式簿記の誕生とともに登場した。しかし，同じ時代でもヴェネツィアの商人たちが行っていた全体損益計算である口別損益計算のもとでは，認識の問題が生じる余地はなかった。

割賦基準における回収基準をどう理解するか
　では，厳密には現金主義が認識基準でないとすれば，今日の簿記教科書で説明されている割賦販売にともなう現金による回収基準をどう考えるかを整理しておく必要がある。
　割賦取引における回収基準は，現金収入があった時点で初めて収益として計上するため，現金主義によって収益を認識していることになる。しかし，割賦基準といった会計処理法が登場するのは，18世紀に入ってからのことである。現金主義から発生主義が生まれたのでは無く，歴史的には逆に，発生主義から現金主義による会計処理法が派生してきた。多くの制度の進化のプロセスは，一般的にいって，単純なものから複雑なものへと展開するのではなく，複雑なものが単純なものを生み出してくる。これが歴史である。第5章で述べる複式簿記と単式簿記の関係も同じである。

現金基準は18世紀後半のフランスで登場
　商品の掛売り時点ではなく，現金での回収時点で売上に計上しようとす

る考え方は，低所得者層への高額商品の販売促進のために考案された手法である。すなわち，一括での支払いが困難な低所得者層に販売を促進する方法として，分割払いによる販売方法が考え出された。

　低所得者層への販売は，当然のことながら，回収に伴うリスクも高く，この回収不能リスクを回避するための方法として登場したのが現金回収基準である。販売促進の方策として割賦販売という新たな販売形態を登場させたため，それに適応する処理法として，売上代金の回収リスクを回避するという観点から，後になって考案された現金回収時点で収益に計上するという処理方法が現金基準なのである。

　このような考えの下で，割賦販売による現金回収時で収益に計上する会計処理法が1760年頃にフランスのデュフェイェル商会によって，高級家具の販売手段として考案された。また，時代は新しくなるが，1920年代に入ると，アメリカにおいて，自動車を中心とする耐久消費財の販売のために割賦販売が広く普及したといわれている。[11] いわば，発生主義にもとづいて計上する本来的な認識基準のリスクを回避するために，発生主義の補完法として考案された基準が現金主義である。いわば，キャッシュ・フロー計算書の登場と似通った考えの下で登場したのが現金主義による認識基準である。現金主義は，決して，発生主義に先立って歴史上に登場した処理基準ではない。

現金収支計算は貨幣の登場と共に出現

　本来，現金の収支記録にもとづく差額計算は，複式簿記による損益計算とは別の座標の計算である。それは，貨幣の登場と共に生じ，したがって，複式簿記の発生以前から存在していた計算手段である。その意味で

---

11 社会科学大辞典編集委員会［1971］337頁。

は，現金収支にもとづく残高計算は，発生主義にもとづく損益計算に先行している。あくまでも現金収支残高の有高計算であり，決して現金基準ではない。

　わが国でも，奈良時代（710-784）の木簡から食料や薬品の請求書や給与の支払いの出納記録が出土している。だからといって，わが国では複式簿記がすでに8世紀に誕生したことにはならない。この木簡に記録された取引は，複式簿記における損益計算のための収益・費用の対応計算ではなく，単なる現金の収支記録に過ぎない。したがって，こうした意味での現金基準は，決して複式簿記における収益・費用の認識基準とはいえない。

私見による複式簿記の生成要因

　複式簿記発生以前における現金の収支記録は，果たして簿記，ないしは単式簿記と呼んで良いのであろうか。この点については第5章で詳しく述べるが，もしそうでないとすれば，何と呼べばいいのであろうか。一般的には，このような現金収支記録が単式簿記と言われていたように思える。しかし，私は，複式簿記の本質は，資本計算，言い換えると損益計算にあると考えている。取引を記録しその記録にもとづいて利益を計算する。これが複式簿記である。

　したがって，複式簿記を誕生させた直接的な要因は，日々の取引記録と損益計算（資本計算）の二つにある。すなわち，複式簿記の生成要因は，それらを生みだした，信用取引と組合企業の出現，ならびにその出現によって損益計算を可能にさせた記録手段としての算術（代数）の三つをあげることができる。ドゥ・ルーヴァが複式簿記の生成要因としてあげている三つ目の代理人［業務］[12]，言い換えると報告機能は，複式簿記によって

12　De Roover [1956], pp.115-117.

計算した損益を資本の委託者（19世紀では株主）に報告することであり，これは，複式簿記の生成要因というよりもむしろ，会計の生成要因と位置づけるのが自然であると思われる。

　図表2-1のように複式簿記の中心は記録にあり，会計の中心は報告にある。この両者を繋いでいるのが損益計算なのである。その意味で，損益計算を生み出した最も重要な要因は，組合であるということが出来る。組合の出現なくして，会計ならびにその計算構造を支える複式簿記の誕生もまたなかったのである。

[図表2-1]　簿記・会計の本質と両者の関係

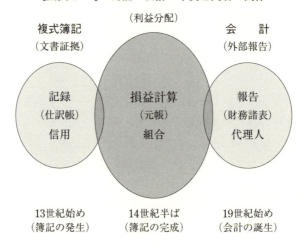

認識基準の誕生

　発生主義にもとづく収益・費用の認識基準は，信用取引の出現に伴って，複式簿記の発生と同時に誕生した。具体的には，フィレンツェの期間組合を中心にした先駆的期間損益計算（非定期的期間損益計算）の生成と共に出現したのである。先駆的期間損益計算の下では，必ずしも定期的ではな

いが期間に区切って損益を計算するため，当期の期間収益・費用と当期以外の期間収益・費用を区別する必要が生じる。

そのため，フィレンツェの期間組合では，その生成当初から，現金主義ではなく発生主義によって収益・費用を認識していた。ただし，同じ時代でもヴェネツィアを中心にした商人たちは，いわゆる口別損益計算にもとづく損益計算制度によって荷口別の損益を求めた。そこでは，期間に区切った損益計算ではなかったため，必然的に全体損益計算になり，収益・費用の期間配分の必要はなく，したがって，それらを認識（識別）する基準もまた必要とされなかった。これが歴史的事実である。

2-5　現金主義としての割賦回収基準

現金主義は発生主義の補完的役割

発生主義は，複式簿記の発生と共に出現した収益・費用の認識基準である。発生主義にもとづく損益計算の不十分なところを補完するために，後になって登場してきた会計処理の基準が現金主義である。現金収入をすべて収益に，現金支出をすべて費用にする考えでは，当期の収益・費用と次期以降（ないしは前期）の収益・費用とに識別する必要など，どこにも存在しない。認識のための基準は，必要ないのである。繰り返しになるが，発生主義に先立つ認識基準としての現金主義は，現実には存在せず，それは，単なる現金の処理基準に過ぎないのである。

キャッシュ・フローを重視し，現金を基軸に置いて，企業損益の中身をチェックするという考え方は，歴史的には，18-19世紀に入って，フランスやアメリカで高級品の販売促進に伴うリスクヘッジの手法として，割賦

回収基準として登場してくる。この割賦回収基準としての現金回収基準は，回収した現金を当期の収益として計上し，未回収の現金を当期の収益から除外する会計処理であるから，認識基準として位置づけることが出来る。単に現金収支を収益費用と見なす考えとは，根本的に異なる。割賦販売における現金回収基準は，発生主義会計にもとづく利益の質，ないしは中身を見直すための手法という観点からは，今日のキャッシュ・フロー計算書と同じ延長線上にあると見なすことができる。

会計上の認識が「現金主義から発生主義」に発展したという従来までの解釈は，史実に照らしてみたとき，明らかに誤った解釈なのである。

キャッシュ・フロー計算は回収基準の延長線上

すでに述べてきたように，会計は，その計算構造を支える複式簿記の誕生以来，発生主義にもとづいて収益・費用を認識していた。その発生当初では，必ずしも日々の取引の継続記録にもとづく変動差額計算ではなく資産の実地棚卸による両者の増減比較計算ではあったが，組合員相互間での利益分配の必要性から，企業の総括的な期間損益を計算してきた。

発生当初は，継続記録，すなわち複式簿記によって正確な企業全体の総括損益を計算することが出来なかったが，後に実地棚卸によって求めた総括損益の正しさを証明するために完成した複式簿記にもとづく継続記録によって，組合員相互間で利益の分配を行ってきた。複式簿記の誕生当初でも，いわゆる現金主義で収益・費用を認識していたわけでは決してない。まだ継続記録によって組合企業の総括損益を計算することが出来なかった時代においても，収益・費用は，すでに発生主義によって認識していたのである。

現金主義は，後世，発生主義による損益計算の欠陥を補完するために登場してくる。割賦販売における現金回収基準は，収益を現金主義で計上す

る例外的な処理法である。現金を基準に会計上の利益を再吟味しようとするキャッシュ・フロー計算は，この延長線上にある考え方ということができる。複式簿記では，発生主義の出現以前に現金主義による収益・費用の認識基準が存在していたわけではない。

SFAC 第 5 号の説明

　現金主義によると，現金支出＝費用，現金収入＝収益であるため，元来，期間識別のための基準は，不要になる。「財務会計諸概念に関するステートメント」（SFAC）第5号では，次のように述べられている。「キャッシュ・フロー計算書は，すべての現金収支がその発生時に認識されるため，認識問題とはほとんど無関係である。キャッシュ・フローの報告には，…見積りも配分も伴わなければ，また，いかなる判断も伴わない」[13]のであると。

　今日の期間損益計算を前提にした損益計算制度のもとでの認識基準とは，収益・費用に関して言えば，当期の収益・費用と次期以降ないしは前期ないしは次期のそれとに識別するための基準である。したがって，現金収支をもって収益・費用とするのであれば，本来的には，識別（認識）に関する問題が生じる余地はない。また，口別損益計算のもとでも，掛け売上や掛け仕入は，すでに初めから存在し，まだ現金収入や現金支出がなくてもそれらを収益や費用として会計処理していた。まさしく，現金主義ではなく発生主義によって認識していたといえる。

　複式簿記を発生させた要因の一つに信用取引があり，現存するファロルフィ商会の帳簿（1299-1300）に前払家賃の計上が見られることなどから判

　13　FASB [1984], "Recognition and Measurement in Financial Statements of Business Enterprises", No.5.par. 54, 平松・広瀬共訳 [1994] 236 頁。

断すれば，複式簿記は，生まれた時から，収益・費用を発生主義によって認識していたのは，火を見るより明らかである。決して現金主義から発生主義に発展したのではなく，逆に発生主義の欠陥を補完するため，後になって現金主義が考案されたというのが歴史的事実である。通説で言われるいわゆる現金主義というのは，単に現金の収入を収益，支出を費用と見なす考え方に過ぎない。決して識別（認識）のための基準ではないのである。

第3章

資産・負債の測定基準

「取得原価から時価へ」の誤り

- 3-1 通説による測定基準の展開
- 3-2 最古の勘定記録(1211年)ですでに時価評価
- 3-3 13,14世紀の一般的な評価基準
- 3-4 17,18世紀の時価評価
- 3-5 会計は誕生当初から混合測定評価

3-1 通説による測定基準の展開

価格計算と価値計算の違い

　会計は，経済事象を認識し，企業利益を測定し，その結果を利害関係者に伝達する一連のプロセスである。それに対して，会計の利益計算構造を支えている簿記は，日々の取引を記録し，それによって企業利益を計算し，報告する一連のプロセスであるといわれている。もしそのように規定すれば，企業利益の計算に向けて，簿記の中心的な役割は記録にあり，会計の中心的な役割は，簿記で求められた利益の報告（開示）にある（図表2-1参照）。両者の役割は，必ずしも同じとはいえない。

　私は，報告の役割は，簿記ではなく会計にあると思っている。したがって，簿記は，取引を記録し，その記録にもとづいて利益を計算する技法（アート）であると位置づけている。この技法を具体的に支えているのが算術（代数）である。簿記によって求めた企業利益を利害関係者に報告するプロセスが会計である。

　近年，この報告機能がとりわけ重視され，意思決定に有用な情報を提供するのが会計の主要な役割であるとする考え方が支配的になってきた。言うまでもなく，ここでいう情報の中身は，企業利益である。問題は，この企業利益の中身をどのような利益とするかである。端的に言えば，純利益なのかそれとも包括利益なのか。

会計学と経済学

　今日の会計の主要な役割は，これまでのように，企業の実現利益の計算が中心的な役割ではなく，利害関係者とりわけ株主にとって有用な情報を

提供することに変容してきた。彼らにとって有用な情報，すなわち主要な関心は，この1年でどれだけの利益を獲得したかにあるのではなく，将来どれだけのキャッシュ・イン・フローをもたらすのか，今現在の企業価値がいくらなのかに移ってきた。

　その結果，利害関係者に報告する利益がこれまでの当期純利益（実現利益）から未実現利益も含んだ包括利益（コンプリヘンシブ・インカム）へとシフトしていく。すなわち，過去計算から未来計算へ，価格計算から価値計算へと変容していく。しかし，企業利益の計算は，会計学の世界の話（価格計算）であり，決して経済学の世界の話（価値計算）ではない。現実を基盤に置く会計学は「売れていくら」が基本であり，「価値がありそう」だけの期待値の入った経済学（金融論）の世界とは異なる。両者を混同してはならない。[1]

市場価値と割引現在価値

　会計上の認識の問題は，企業利益の測定に関して極めて重要であり，この測定属性には取得原価（歴史的原価）と時価（現在価値）がある。今日，時価には履行価値や使用価値も含まれるが，一般的に公正価値（フェアー・ヴァリュー）と呼ばれ，それには市場価値と割引現在価値の二つがある。市場価値は言うまでもなく市場で取引されている価格のことであるが，これには売却時価と再調達時価の二つがある。最近では，出口価値（価格），入口価値（価格）といった呼び方がされている。

　もう一つの割引現在価値と言うのは，市場で取引されていない商品や様々な資産には価格が付けられないため，その商品が将来どれだけのキャッシュ・イン・フローを企業にもたらすかを予測し，その価格を将来

---

[1] 経済学と会計学の違いによって生じる問題点ついては，渡邉［2014］56頁，68頁，278-279頁を参照。

の予測される金利等を割り引いて現在の価値に換算した価格というか価値を指している。いわば，当該資産が持つ「発生の可能性の高い将来の経済的便益」によって推定した見積額である。

会計が800年も続いた理由

　このような予測の二乗によって計算されるのが割引現在価値である。財務会計は，果たして予測計算の世界なのであろうか。過去の事実にもとづく信頼される数値で利益を計算するのが会計学である。事実にもとづいた客観的でいつでも検証でき，誰からも信頼される損益計算であったからこそ，会計は800年もの長きにわたって継承されてきた。そこに，利益の測定にあたり，事実に担保されない割引現在価値という予測計算が導入されてきたのである。これこそが最大の問題である。この点については後で詳しく述べる。[2] 今一度，会計が歩んできた800年という悠久なる歴史の重みに想いを馳せてもらいたい。

　従来までの解釈は，この測定基準が取得原価から時価に変容してきたと見なすのが一般的であったように思われる。取得原価（歴史的原価）は，英語ではヒストリカル・コストと呼ばれる。直訳すれば歴史的原価である。もし，英語の言葉通りに受け取るならば，取得原価は，まさしく昔から測定のために用いられていた歴史的な価格である。そのため，古い価格というイメージが形成されてしまったのではなかろうか。しかし，現実は，複式簿記は，その発生当初から，取引をその時々の市場価格によって測定してきた。今現在，取得原価と呼んでいる価格は，取引した時点ではまさしくその時点での市場価格（現在価値）である。会計は，その生成当初から，取得原価による測定と時価による測定の2本立てで評価してきた。生まれ

　2　この点については，渡邉［2014］第11章，12章を参照。

ながらにして，混合測定会計であった。

取得原価はヒストリカルか

　取得原価に対して時価（現在価値）は，一般に，プレゼント・バリューあるいはカレント・コストと呼ばれるようにまさしく現在の価値，ないしは現在の価格といった印象を強く与える。そのため，取得原価は古い測定手段であって，時価は新しい測定手段であるというイメージが形成され，測定基準は，ヒストリカルなコスト（古い評価基準＝取得原価）からプレゼントなコスト（新しい評価基準＝時価）へと発展して行ったと錯覚してしまったのではなかろうか。しかし，よく考えてみると，取得原価というのは，購入した時点ではその時の市場価値，すなわち時価を指している。したがって，取得原価と時価は，同質なものと位置づけることが出来る。両者の違いは，単に時間軸のずれによって生じてくるだけで，本質的には同質なものなのである。

　取得原価のことをヒストリカル・コストと呼び始めたのは比較的最近のことで，18世紀頃のイギリスの簿記書では，ファースト・コストとかプライム・コストといった呼び方をするのがむしろ一般的であった。

時価評価は複式簿記の誕生当初から

　しかし，これから詳しく見ていくように，割引現在価値評価は別にして，時価による測定の登場がごく最近のことであるという解釈は，単なる幻想に過ぎない。時価による測定は，複式簿記の誕生当初から行われていたのである。むしろ，フィレンツェの商人たちは，まだ継続的な記録（複式簿記）によって企業の総括的な損益を計算できなかった段階，すなわち複式簿記の完成以前では実地棚卸にもとづいて資産を時価で評価し，期首の純資産と比較して利益を求めていた。その意味では，時価による測定は，取

得原価に先行していたとも言えなくはない。しかし，複式簿記が完成した14世紀の前半以降では，取得原価と時価による測定は，並存して行われていた。会計は，その誕生当初から，取得原価と時価による併存会計（混合測定会計）であったのというのが歴史的事実である。

3-2 最古の勘定記録（1211年）ですでに時価評価

羊皮紙に書かれた最古の勘定記録

　会計にかかわる現存の最古の勘定記録は，1211年のフィレンツェの一銀行家がボローニアのサン・ブロコリの定期市で記録した2枚の元帳である。この最古の勘定記録は，現在フィレンツェのメディチ・ロレンチアーノ図書館に Codice, Laurenziano Aedil 67 として分類され，保管されている。

　この2葉（2枚）の裏表に記録された合計4頁の取引記録は，羊皮紙に書かれたもので，大きさは，縦43cm，横28cm，ほぼA3のサイズである。15世紀に執筆された新ローマ法典のカバーとして使われていたものを言語学者のピエトロ・サンティニが見つけ，公表した。羊皮紙のためにとても丈夫で，本のカバーには最適であったものと思われる。記録は，取引先別に分類されている。文字は，当時の公用文で一般に見られたラテン語ではなく，一般の人でも理解できる中世イタリア語で記帳されているのが大きな特徴である。

　この2枚4頁の勘定記録は，当時に記帳されていた帳簿のごく一部と見られるが，それ以外の会計記録は，残念ながら残っていない。したがって，これに対応する日記帳や仕訳帳によって勘定記録の内容を詳細に摑み取ることは出来ない。文書は，1211年6月20日付の取引が記録され，年号，

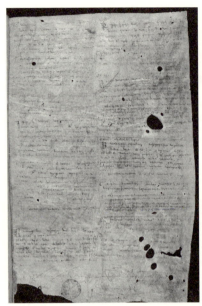 

(現存する最古の勘定記録(1211年)の　　　(現存する最古の勘定記録(1211年)の
　　　第1葉表頁)　　　　　　　　　　　　　　第1葉裏頁)

借主の名前，金額，貸付条件等が日常的な定型文章で書かれている。

帳簿の正確さを神に誓う

　第1葉表頁の最初の記帳には，残存する13，14世紀のほとんどの帳簿がそうであったように，冒頭に年号1211年がローマ数字（mccxi）で記され，その後に，十字架とともに「神の名において，アーメン」(In Nome di Dio, Amen = In the Name of God, Amen）という表現が書き込まれている。先にも述べたように，トラブルが生じた時には，この帳簿が公正証書に代わって証拠書類として裁判所に提出されることを想定して記帳されていたものと思われる。

このことから，帳簿記録にとって最も重要であったのは，取引事実にもとづく正確性と証憑にもとづく検証可能性に裏打ちされた信頼性にあったことが窺える。帳簿の信頼が広く認知されるに至った16世紀の後半頃から，漸次，十字架や神に誓う文言が帳簿から消えていく。神に誓わなくても帳簿の記録が十分に信頼されるものであることが広く認知されたからであろう。15世紀末，ルネッサンスが終焉を迎える頃には，人は，神から解放されるのである。真の自由人になったということであろうか。

貸借が左右対称ではなく上下連続
　この最古の現存帳簿の断片は，元帳の勘定記録である。今日の勘定形式によれば，取引は，借方と貸方が左右に分類されて記帳される。通常，借方が左に，貸方が右の左右対称形式で記録されるが，この帳簿では，借方と貸方が上下連続式で記帳されている。複式簿記の発生当初では，借方と貸方が上下連続式のものも数多く見出せる。
　人類誕生の歴史と同様，複式簿記の誕生は，その本質をどう理解するかによって，生成の時期も異なってくる。もし，複式簿記の完成要件を単に借方と貸方との二重分類に置くのであれば，複式簿記の完成は，13世紀初頭になる。しかし，複式簿記の本質を勘定記帳の左右対称性に求めるならば，もう少し遅くなる。また，複式簿記を単なる二重分類記帳のみに求めるのではなく損益計算（資本計算）機能の遂行に求めるのであれば，さらに時代は下り，14世紀の前半のことになる。したがって，ある特定の事物や現象の生成の時期を問題する時，大切なのはそのものの本質をどのように規定するかにかかっている。本質の規定如何によって，その生成や完成の時期もまた異なってくる。
　余談ながら，1211年の勘定記録における貨幣の種類は，フィレンツェ貨幣だけではなく，ボローニア，ピサ，ヴェロナ貨幣による記録も残されて

いる。貨幣の換算や度量衡に関する問題は，当時の商人たちにとって，極めて重要で，実務を行う上での切実な課題であった。当時の数学書では，この度量衡と為替の換算比率に関する叙述が多く見られるのは，そのためであろう。また，利子禁止令が発せられていた当時では，徴利や利子の支払いをカモフラージュするために，為替の換算比率の調整がしばしば利用されていた。

最古の勘定記録の内容

現存する最古の勘定記録は，僅か2枚4頁の記録に過ぎないが，そこではすでに，貸付債権の時価による評価替えの事例が見出せる。貸付先が倒産等によって貸倒れになるであろうリスクを十分に認識して，保証人を立てている。現存の2枚の勘定記録の中には，貸倒損失勘定そのものの記帳は確認できないが，まさかの時に備えてその証人とともに保証人を立てていることから推測すれば，この帳簿の記帳者は，貸倒れが起きるかもしれないことを認識し，それに伴う損失を計上していたことが容易に推測できる。そこには，次のような文言が記帳されている。

「神の名においてアーメン，サン・ブロッコリー。サンタ・トゥリニタ出身のオルランディーノ・ガリガイオは，われわれがサン・ブロッコリーの定期市で彼に貸し付けたボローニア［貨幣］に対して，5月半ばに26フィオリーノ（リブラ）を返済しなければならない。もし支払いが遅れた時は，1フィオリーノ（リブラ）につき月4ディナリの利息を支払う。もし彼が支払えなくなったときは，ボローニアの製靴商アンジオリーノが支払いを約束した。証人：アヴァネージェ・ベジャカルツア商会。項目：彼は，ガレッティーの息子ミケーレから43ソルディを受け取る。われわれは，それらをスキリンクァ・マイネッティの勘定から転記する[3]」と書かれている。

この支払いの遅延利子である「1か月に1フィオリーノにつき4ディナ

リ」の利息というのは，年利率に換算すると20%になる。しかしこれは，遅滞した時の追加利息であり，本来の借入利息は，何と年40%の高利であった。[4]

また，返済不能になったときの用心のため，貸付先より保証人を取っている。この保証人を取っているという記帳は，当然のことながら，当時の商人間の貸借において，貸し倒れが日常的に生じていたことを物語るものであり，貸倒損失の計上を行っていたことを容易に推測させる文言でもある。貸倒損失の計上は，まさしく，貸付債権を時価で評価替えしていたことを意味している。時価による評価替えの実務は，最古の勘定記録の中にすでに見出され，複式簿記の発生時点から行われていたことを示している。時価による評価は，決して，取得原価による評価から派生してきた評価法ではない。

3-3　13, 14世紀の一般的な評価基準

複式簿記の根源的役割

13世紀始めに誕生した複式簿記が14世紀前半に完成するまでの百数十年の間にも，多くの商人の帳簿が残存している。ただ，同じ時代でもヴェネツィアの商人の帳簿とフィレンツェの商人の帳簿では，当時の両都市国家の政治体制の違いを反映して，損益計算制度にも大きな相違が生じていた。この点については，すでに第1章で詳しく述べたところであるが，こ

3　Alvaro [1974], Part 1, p.329.
4　渡邉［2014］7．18-19頁．

こでは本質的な相違を簡潔に再述し，残存の中世イタリア商人の帳簿において，どのような評価基準によって資産を評価していたかを具体的な記帳内容にもとづいて検討していくことにする。

　複式簿記は，13世紀初頭，イタリア北方諸都市で債権債務の備忘録として歴史の舞台に登場してくる。誕生当初の複式簿記は，集合損益勘定がまだ形成されていないか，形成されていたとしてもまだ，企業全体の包括的な損益を計算するまでには至っていなかった。そのため，企業の総括損益を求めるためには，継続的な帳簿記録ではなく他の別の方法によらざるを得なかった。すなわち，実地棚卸によって資産を時価評価し，それをビランチオと呼ばれる資産・負債の一覧表である財務表を作成し，それにもとづいて期末の純資産を求め，期首の純資産と比較して，当期の純利益を算出した。ビランチオと呼ばれた財産の一覧表は，財産目録と利益処分計算書が一緒になった財務表である。

ビランチオの特質

　この実地棚卸によって作成されたビランチオで求めた利益を継続的な記

[図表3-1]　ダティーニ商会アビーニョン支店の第1期のビランチオ

商品・備品	3,141	23	4	負債・資本	7,838	18	9
債　　権	6,518	23	4	稼 得 利 益	1,822	3	11
合　　計	9,660	22	8	合　　計	9,660	22	8
				フランチェスカ：利益の1/2	911	2	
				トーロ：利益の1/2	911	2	

(出所：泉谷勝美[1997]，291頁より筆者が編集して作成)

5　この間の事情に関しては，渡邉[2008] 40-42頁。

録によって求めた利益によって証明するために完成したのが複式簿記である。当時のビランチオは図表3-1の様な形式で作成されていた。

　ビランチオで算出した利益の信憑性に疑義がはさまれてくると，何らかの方法で，そこで求めた利益の正当性を証明する必要性に迫られた。このような要求に応えるために，継続的な記録がそれまでの単なる債権債務の備忘録ではなく企業全体の総括損益を計算する手段として利用された。ここに至って初めて，複式簿記が完成したのである。すなわち，複式簿記は，実地棚卸で算出したビランチオ上の分配可能な実現利益を継続的な記録，すなわち集合損益勘定によって証明する手段として生成した。時まさに14世紀前半のことである。

　いわば，「もの」の世界（現金や土地や建物といった取引の結果としての具体的事象）を「こと」の世界（現金や土地や建物を生み出した原因としての抽象的事象）で立証しようとしたところに，複式簿記の原点がある[6]。まさしく，歴史は，複式簿記の本質が損益計算（資本計算）にあることを雄弁に物語っている。

　以下，損益計算にとって重要な測定属性としての時価評価がいつ頃登場したのか，そして取得原価評価と時価評価，あるいは割引現在価値評価との関係を明らかにし，会計の測定基準が初めは取得原価で後には時価に発展して行ったという一般的な解釈の誤りを指摘していくことにする。

文書証拠としての記録

　発生当初の複式簿記は，損益計算ではなく債権債務の備忘録ないしはトラブルが生じたときの文書証拠，すなわち公正証書の役割を果たしてきた。人間の記憶には限界がある。そのため，後日のトラブルを回避する目的で

6　木村［1982］第1部「こととしての時間」を参照。

記録されたのが，複式簿記である。万一，係争になった時，帳簿が裁判所に提出され，証拠書類として用いられた。複式簿記は，日々の取引をいつでも誰によっても検証可能な文書証拠として書き残すために記録された技法である。そこの記帳の証拠性を高めるために，したがって，公正証書と同様の役割を果たさせるため，16世紀末ころまでの帳簿には，その冒頭に，十字架を記帳し，そのすぐ後に「神の名において，アーメン」という文言が記されていた。「神に誓って決して嘘は申しません」という証(あかし)なのであろうか。

取得原価と時価

　文書証拠として記録された金額は，いうまでもなく，正確で信頼できる金額，すなわちいつでも，誰によっても直ちに検証できる数字でなければならない。このすべての人から信頼される数字であるためには，先ず，如何なる予断も入らない事実にもとづいた正確で客観的な金額であること，次いで，その金額がいつでも，誰によっても検証できる現実的な金額であることが要求される。客観性（正確性）と検証可能性（透明性）である。この二つが担保された時に初めて，信頼性が確保される。

　誰からも信頼されるためには，事実にもとづき，かつ透明性を保持した信頼できる金額であることが前提になる。この金額こそが実際の取引で行われた価格，すなわち取引価格であり，歴史的原価(ヒストリカル・コスト)（取得原価）なのである。したがって，取得原価とは，実際に取引が行われた時点の市場価格，まぎれもない時価そのものである。取得原価と時価とは単に時間の落差によって生じる価格差に過ぎず，本質的には，同質のものであることは，明白である。複式簿記における測定基準は，その発生当初から取引した時の市場価格であった。決して時価による測定が後の時代に誕生したのではないことは，明白である。

利益計算の根拠

　会計の利益計算構造を支えてきた複式簿記は，その発生以来，このような要求に応え得る測定手段として，現実に取引した時点の価格，すなわち取得原価にその理論的根拠ないしは立脚基盤を求めてきた。取得原価による測定の最大の利点は，そこで測定された価額が歴史的な事実として，いつでもその価額の客観性あるいは事実性の検証を誰によっても可能にさせるところにある。ここにこそ複式簿記のレーゾン・デートルがあり，会計に対する信頼性を確固たるものにした最大の要因が存する。

　最古の勘定記録から数えて800年もの年月が流れ去ったが，会計ないしは複式簿記が中世より今日までの永きにわたって継承されてきたのは，まさにこの事実性と検証可能性に裏づけられた正確性と透明性，すなわち信頼性が担保されていたからに他ならない。[7]

　繰り返し述べてきたが，取得原価というのは，取引時点の時価（取引価格＝市場価格）である。この取引価格が時の経過した決算時点では過去の価値を示す歴史的原価（取得原価）に変容する。すなわち，取引価格としての時価と原価は，単に時間軸の相違によって生じる表象上の相違に過ぎず，市場価値は，本質的には取得原価と同質なものと位置づけることができる。[8] だとすれば，複式簿記は，その発生の当初から，時価会計と取得原価会計との併存（混合測定）会計であったといえる。決して，会計の測定基準は，取得原価から時価へと発展していったわけではない。ヒストリカ

　7　会計における信頼性の原点は，その計算構造を支えている複式簿記が中世イタリアで完成する際，実地棚卸による有高計算を継続記録によって証明する道具として用いられたところに求められる。この信頼性は，中世イギリスの普通法とそれを社会的な規範で補完する衡平法やその根幹を支える信託法理の考え方も同時に基盤となっているということもできる（この点については，石川［2011］226-228頁，および千葉［1991］21-23頁を参照）。

　8　渡邉［2010］2-3頁。

ル・コストとプレゼント・バリューという英語のイメージが何となく昔の古い価格と現在の新しい価値という印象を与えてしまう。しかし，取得原価は，まさしく取引が行われた時点でのカレント・コストなのである。

複式簿記発生当初の損益計算

　13世紀初めに発生した複式簿記は，その発生当初では，まだ集合損益勘定が形成されておらず，複式簿記による継続的記録によって企業の総括的な損益を計算することができなかった。そのため，フィレンツェの期間組合では，各組合員に利益を分配するためには，継続記録以外の他の方法によらざるを得なかった。それが実地棚卸で求めた財産の時価評価によって作成されたビランチオ（利益処分結合財産目録）にもとづく損益計算である。ただし，負債は，実地棚卸で求めるわけにはいかないため，継続的な帳簿記録にもとづいて計算された。その意味では，純粋の実地棚卸計算というわけでもなかった。

　とはいえ，実地棚卸による結果の側面からの有高計算だけでは，そこで求められた利益の信憑性に疑義が生じてきた。「利益は，たったこれだけなのか。われわれの取り分は，もっとあるのではないのか」と。そこで，経理担当者は，ビランチオで求めた利益に誤りや不正がなかったことを信頼できる何らかの別の手段で検証する必要に迫られた。信頼できる検証方法，これが事実にもとづく継続記録，すなわち証憑に裏づけられた複式簿記による損益計算である。こうして13世紀初頭に発生した複式簿記は，ビランチオで算出した利益の正しさを証明する手段として，遅くとも14世紀前半には損益計算機能を備えた記録・計算システムとして完成をみることになる。

　9　集合損益勘定の形成過程については，渡邉［2005］47-48頁を参照。

複式簿記の原点は信頼性

　この事実性と検証可能性に支えられた信頼性こそが複式簿記を完成させた実質的な要因である。すなわち，複式簿記の根源的な役割は，実地棚卸にもとづいて時価によって求めた利益を正確な日々の取引によって記録された取引価格（取得原価）で検証することにあった。取引事実にもとづく信頼できる客観的な測定手段，誰でもが何時でも検証できる客観的な記録，すなわ取引価格（取得原価）こそが複式簿記ひいては会計の立脚基盤なのである。

　しかし，複式簿記が発生した当初では，利益分配に必要な利益の計算は，継続記録で求めることが出来なかったため，実地棚卸をした財産を時価評価し，当初の純財産額と比較して利益を求めた。この歴史的事実は，会計における総括損益計算の出発点における測定基準が時価によるものであったことを物語っている。複式簿記は，決して発生当初から取得原価で評価していたわけではない。日々の取引を記録するときは取得原価すなわち取引価格（取引時点の市場価値）で記録したが，組合員への分配に必要な利益は，ビランチオを作成して，財産の時価評価によって算出していた。まさしく，取得原価と時価の混合測定による併存会計であった。

「もの」の世界を「こと」の世界で検証

　少し脇道にそれるが，複式簿記は，実地棚卸（現在価値）で求めた利益を集合損益勘定（取得原価）によって検証することによって完成した。検証する側と検証される側と一体どちらの利益が信頼に足るのであろうか。いうまでもなく検証する側，すなわち継続記録で求めた利益である。われわれは，複式簿記による継続記録が実地棚卸で実際に確認できる実在としての利益を証明するための信頼できる手段として完成したという事実を忘れてはならない。

複式簿記が原因の側面からの抽象的な損益計算，いわば「こと」の世界によって，結果の側面からの具体的な有高計算，いわば「もの」世界を証明する手法であったというその一つの証左として，われわれは，17世紀冒頭にライデンで出版されたシーマン・ステフィン（1548-1620）の『数学的回想録』を挙げることができる。

ステフィンの状態表と損益表

ステフィンは，元帳諸勘定の締切に際し，資産・負債・資本の一覧表としての状態表（Staet）を作成し，そこで求めた期末資本を期首のそれと比較して1年間の利益を求めている。すなわち，期末資本3,140リーヴル9スー1ドニエから期首資本2,153リーヴル3スー8ドニエを差し引いて，1年間の純利益987リーヴル5スー5ドニエを算出している。このストックの側面から求めた期間利益を証明するために，フローの側面から計算された損益表（Winst en Verlies）を作成し，そこで求めた利益によって状態表で算出した利益を証明するという手法を説いている[10]。まさしく，フローの側面からの利益計算は，ストックの側面からの利益計算の証明表（Staet Proef）として機能していたことを物語っている。

なお，この二つの表は，一見，貸借対照表と損益計算書を連想させるが，両者は，機能的には，様式は異なるが精算表，すなわち決算の運算表としての役割を果たしていたといえる[11]。

このように，継続記録にもとづく収益・費用の変動差額計算で求めた利益は，有高計算の結果としての資産・負債・資本の増減比較計算によって

---

10 Stevin [1605-8], p.34-36. 岸［1975］138-140頁。ステフィンの状態表は，借方に負債と資本が貸方に資産が表示され，通常のストックの一覧表とは，貸借が逆に表示され，恰もイギリス式貸借対照表を連想させる。

11 渡邉［1993］第3章を参照。

求めた利益を証明するために用いられた。したがって，継続記録で求められた利益は，誰によっても検証可能な透明性と事実にもとづく正確性を兼ね備えた信頼性が担保されていなければならない。

[図表3-2] 状態表

1600年12月末日に作成された私デリック・ローゼの状態表

状態すなわち資本借方		状態すなわち資本貸方	
アルノー・ジャック fol. 14	51. 8. 0	堅果 fol. 7―数量173ポンド	
残　　　　高	3140. 9. 1	5オンス，単価7スー………………	60.13. 2
合　　　　計	3191.17. 1	胡椒 fol. 7―数量120ポンド	
		単価40ドニエ ………………………	20. 0. 0
		オマール・ドゥ・スヴアルト―fol. 9	513.12. 0
		アドリアン・ドゥ・ヴインター―fol. 11	150. 6. 0
		ピーター・ドゥ・ビッテ fol. 11	448. 0. 0
		ジャック・ドゥ・ゾマー fol. 13	54.18. 6
		現　　金 fol. 19	1944. 7. 5
		合　　　　計	3191.17. 1

(Stevin [1605], Schvltbovck in Bovckhovding, p. 35)

[図表3-3] 損益表

損益借方		損益貸方	
商業経費 fol. 16	57. 7. 0	丁子の利益 fol. 5	75. 4. 7
家事費 fol. 16	107.10. 0	堅果の利益 fol. 7	109. 7. 2
合　　　　計	164.17. 0	胡椒の利益 fol. 7	18.19. 0
残高としての利益	987. 5. 5	生姜の利益 fol. 9	41. 8. 4
合　　　　計	1152. 2. 5	損益勘定(借方2　100L, 12L；貸方3　4L3s4d, 15L, 1000L) fol. 19	907. 3. 4
		合　　　　計	1152. 2. 5

(Stevin [1605], Schvltbovck in Bovkhovding, p. 35)

3-4　17, 18世紀の時価評価

17-18世紀の固定資産の時価評価

　企業利益の計算にとっては，測定の問題が極めて重要である。会計が伝統的に継承してきた取得原価による測定に対して，時価で評価替えする実務は，すでに明らかにしたように，複式簿記の誕生と同時に行われてきた。17世紀後半から18世紀前半を迎えると，イギリスで出版された多くの簿記書においても，もちろん，この時点では，フェアー・バリューという用語自体はまだ用いられていないが，市場価値で再評価する記帳例示が数多く登場してくる。[12]

　具体的には，固定資産の時価評価は，1675年にロンドンで出版されたスティーヴン・モンテージの『やさしい借方と貸方』の中にも見出せる。彼は，決算にあたり，船の価値の8分の1の自己の持ち分250ポンドを期末に225ポンドで時　価（プレゼント・バリュー）によって評価替えしている（図表3-4）[13]。この評価損は，実現損失として期末に損益勘定に振り替えられている。所得税が施行される18世紀いっぱいは，固定資産の総額もそれほど巨額に達していなかったため，評価損益を実現損益として処理しても，大きな矛盾はなかったものと思われる。こうした決算に際しての固定資産の時価による評価替えの実務は，17世紀のイギリスでは広く一般に広く行われていた処理

12　当時の時価は，present value, present price, present market price, current value 等様々な呼ばれ方がされていた。それに対して取得原価は，一般的には，first cost, prime cost 等と呼ばれ，今日のように historical cost という呼び方ではなかった。

13　Monteage [1675],'Here followeth the Balance of the whole Leidger A', fol.9. 本書は，通しページが付されていないため，項目のタイトルと分類記号を記した。

第3章　資産・負債の測定基準：「取得原価から時価へ」の誤り

[図表 3 - 4]　ボナード航海向け船

1675			*l.*	*s.*	*d.*	1675			*l.*	*s.*	*d.*
4.10	資本金 - 総額の8分の1	1	250	—	—	11.25	ピーター・ビッグ - 航海による利益の私の取分8分の1	21	75	—	—
11 2	現金 - プレミアムと保険	19	7	11	6	1676					
1676						4.9	残高 - 私の持分の価値	40	225	—	—
4.9	損益 - 利益	39	42	8	6						
			300	—	—				300	—	—

(Monteage [1683], fol.9.)

法である。

　1731年にロンドンで出版されたアレグザンダー・マルコムの『簿記あるいは商人の勘定に関する論述』では，建物勘定や船勘定の記帳例示を掲げ，そこでは，一般的には取得原価で評価するのが好ましいが，その時々のもう一つの価値（アナザー・バリュー・フロム・タイム・トゥー・タイム）で評価する［方法］を選択してもかまわない。あなた方がそれらを本当の価値と思っているように」と述べ，時価で評価替えする方法も同時に説明している。[14] 興味深いのは，時価を「本当の価値」と呼んでいることである。

ヘイズの売残商品の時価評価

　固定資産だけではなく期末棚卸商品の時価による評価替えも18世紀のイギリスの簿記書ですでに見出せる。1731年にロンドンで出版されたリチャード・ヘイズの『現代簿記』および1741年に同じくロンドンで出版された同書の増補版といえる『ジェントルマンの完全な簿記係』がそうである。

　元帳諸勘定の締切に関しては，第7章から第12章までの合計六つの章

14　Malcolm [1731], p.90.

にわたって説明している[15]。その第8章「元帳を閉じることなく勘定を締切る方法」では、「さて，あなた方は，元帳にはいろんな種類の勘定が含まれているということを承知しておくべきである。そして，勘定の締切にあたっては，さまざまな種類や方法が行われている。先ず始めに，それがもし商品勘定であり，そして全てが売れ残ったときには，その売れ残った全ての商品に対し，勘定上の借方残高は，現在の市場価格かあるいは取得原価で評価する。第2に，商品の一部だけが売却されたときは，その勘定上の借方残高は，売れ残った商品の価値を取得原価か現在の市場価格のどちらかで[評価する]。注．商人たちは，通常，彼らの帳簿を締切るに際し，手持ち商品をその時点で売却可能な市場価格で評価するのが一般的である。しかし，幾人かの商人は，そのようにしていない[16]」と述べている。

時価による評価替えが一般的

このように，当時の商人たちは，通常，期末棚卸商品を売却可能な市場価格，すなわち売却時価（出口価格）で評価替えしていたことが分かる。ただし，ヘイズの簿記書では，具体的な商品勘定の取引例示がないため，そこで生じる評価損をどのように処理していたかについて確認することは出来ない。ほぼ同時代の1777年に出版されたロバート・ハミルトンの『商業入門』に掲げられた取引例示では，評価差額を実現損益として損益勘定に振り替えている[17]。

ただし，評価益を計上している事例がないため，その処理も実現損益として損益勘定に振り替えているのかいないのかについては，確認できてい

---

15 Hayes [1739], pp.75-76. and [1741], pp.75-92.
16 Hayes [1739], pp.78-79. この点については，Yamey, Edey and Thomson [1963], p.116. および，高寺［1999］95-97頁を参照。
17 Hamilton [1788], pp.430-431.

第3章　資産・負債の測定基準:「取得原価から時価へ」の誤り　73

ない。所得税法の制定（1799年）以前では，評価益を実現損益として処理したとしても，とりわけ小規模企業では，大きな影響はなかったものと思われる。いずれにせよ，ヘイズの説明によるかぎりでは，18世紀のイギリスの商人たちの間では，売残商品を市場価額で評価するのが一般的な方法であったことが確認できる。

評価損は実現損失として処理

　もちろん，巨大な近代的株式会社が登場するまではまだ，有用性や目的適合性（レレバンス）といった用語を用いて時価による評価替えの正当性を主張する簿記書が登場していたわけではないが，期末に生じた評価損益を実現損益として集合損益勘定に転記する処理法が簿記書の上に登場してくる。しかも，単に簿記書で説明されたというだけではなく，このような方法が当時の商人たちの間で広く一般に行われていたとも述べている。

　17, 18世紀のイギリスでは，決算にあたって資産を市場価値で評価する方法が広く一般に行われていた。そこでの評価差額は，直接損益勘定に転記され，実現損益として処理されている。しかも，時価で評価替えされた資産の価額は，切り放し方式で決算残高勘定に記帳されるため，次期の評価額の変動もまた直接，期間損益に影響を与えることになる。

評価損の位置づけ

　では，モンティージ，ヘイズやハミルトンたちは，自らが提唱した市場価値による評価替えの実務を取得原価主義会計の枠組みの中でどのように捉えていたのであろうか。あるいは，捉えれば良いのであろうか。

　先にも述べたように，ヘイズは，評価替えの具体的な処理手順を説明するだけで，時価評価にそのものについては，特段の解説を加えているわけではない。彼らは，恐らく，時価による評価替えを測定手段の新しいパラ

ダイム転換とは見なさず，単に取得原価による測定の修正に過ぎないと考えていたものと思われる。そのため，評価替えによる損益は，損益勘定に直接振り替えられ，[18] 実現損益として処理されていた。利益の中に占める評価損益の割合がそれほど大きな額ではなく，所得税法が施行される以前では，それを実現損益として処理したとしても大きな矛盾は，生じなかったものと思われる。

モンティージの評価損処理

　モンティージは，1676年4月9日付けの帳簿の締め切りに際して，「グランジ農場」勘定の借方に1675年4月10日にリースした農場の価格300ポンドを280ポンドに時価で評価替えして，決算残高勘定に転記する記帳例示をあげている。[19] この決算残高勘定への振替の仕訳については，「（借方）残高（貸方）グランジ農場，その現在価値（プレゼント・ヴァリュー）に対して－L 280，注：資本の勘定において，このリース［資産］は，300ポンドで評価されていたが，1年の時が経過した今は，その価値を減じるのが相当である。そして［そこから生じる評価損は］，残高勘定には関係なく，単に利益を減ずるだけである」[20] と述べ，時価（市場価値）による評価損を当該資産勘定から直接控除し，損益勘定（ロスアンドゲイン・アカウント）に振り替えている。[21] 固定資産の評価損は，単に利益を減少させるだけに過ぎないと述べている。

ハミルトンの時価評価

　モンティージより100年近く後になるが，ハミルトン（1743-1829）は，

18　Hamilton [1788], pp.412-413.
19　Monteage [1675], Leidger A, fol.4.
20　Monteage [1675], Here followeth the Ballance of the whole Leidger, p.7.
21　Monteage [1675], Leidger A, fol.12.

通常，年1回の締切に当たり「もし商品(グッズ)や他の資産(プロパティー)が全て［期末に］手元に残れば，残高表(バランスシート)²²の借方に時価(プレゼントバリュー)で記帳する。そして，もしこの時価が取得原価(プライムコスト)と異なるときは，その差額は，損益勘定の適当な側に記帳される²³」と述べている。すなわち，棚卸商品であるか固定資産であるかを問わず，資産に関しては，時価で評価するよう説明し，その評価損益を実現損益として損益勘定に転記する手続きを説いている²⁴。

この点は，同時代のイギリスを代表するジョン・メイヤー(1702 or 3-1769)の『組織的簿記』や『現代簿記』とは異なるところである。この相違は，メイヤーの簿記書が当時のアカデミーの教科書用として複式簿記の基本原理を説いたのに対して，ハミルトンの簿記書には，第4部で複式簿記の基本原理と仕訳処理を説明すると同時に第5部においては，当時の実務に直接適応できる実用簿記の説明も行っているところから生じてきているものと思われる²⁵。

時価による取得原価の評価替えの会計処理は，複式簿記の発生当初から行われていたが，17, 18世紀のイギリスでは，当時の商人たちの間で広く一般に行われていたのは明らかである。しかし，19世紀に入ると，減価償却という新たな固定資産の費用配分法が登場してくる。固定資産の時価評価と費用配分法としての減価償却では，その本質は，全く異なる処理法である。しかし，減価償却を直説法で処理すれば，多くの場合，時の経過によって固定資産の価値が減損するため，実務的には，両者の最終的な結果

---

22 ハミルトンは，元帳の締切に先立ち，締切を正確に行い利益の概算を算出するために，資産・負債・資本の残高を残高表に収益・費用の残高を損益表に振り替えている。すなわち，この二つの計算表は，様式は異なるが，今日の精算表の役割を果たしていた。この点については，渡邉［1993］第3章を参照。
23 Hamilton [1788], p.285.
24 ハミルトンの売残商品の評価については，渡邉［2000］116-119頁を参照。
25 Hamilton [1788], p.467-488.

には大きな差は，生じない。その結果，土地を除く固定資産の取得原価と現在価値との差額が緩和され，固定資産の評価替えの必要性がそれほど要求されなくなってくる。

3-5 会計は誕生当初から混合測定評価

資産負債観と時価評価

　今日の会計における利益観は，資産負債（中心）観である。この考え方を突き詰めると損益計算書の不要論まで行き着くことになる。もちろん，昨今では，IFRSやIASBの概念フレームワーク等でも，リサイクリングがかなり主張されてきているため，損益計算書が不用であるという考えが，一時期のように，必ずしも支配的になっているわけではない。

　資産負債（中心）観にもとづく利益計算の考え方は，まだ複式簿記が完成していなかった時代に，当時の商人たちが継続記録とは無関係に，実地棚卸で求めた資産を時価で評価して作成したビランチオによって，分配可能利益を計算していた頃の考え方と同質なものを感じ取ることができる。事実にもとづく継続記録によって企業利益を求めることができない段階では，組合員相互間での分配可能な総括損益を計算するためには，実地棚卸によって行わざるを得なかった。今流にいえば，まさしく資産負債（中心）観的な利益計算である。歴史は，繰り返すのであろうか。この純資産の差額計算によって求めた利益を証明するために登場したのが，複式簿記であったはずなのであるが。

　もし，ストックにもとづく結果のみの損益計算が重要であり，フローにもとづく検証可能な損益計算が不要というのであれば，複式簿記は，一体

何のために誕生したのであろうか。その発生以後100年近くもかけて完成させ，800年もの悠久の時を刻んで進化させていったのは，一体，何のためであったのか。われわれは，国際化という時の流れにただ身を任せるのではなく，この会計の800年という歴史の重みを，今一度じっくりと再認識しなければならないのではなかろうか。

会計は証明手段として誕生

13世紀初めに発生し遅くとも14世紀の40年代には完成した複式簿記は，その完成に至った第一義的な機能を実地棚卸で求めた企業全体の総括損益を継続的な記録によって証明するところに求めていたのは，繰り返し述べてきた通りである。すなわち，フローによる利益によってストックによる利益を証明するために完成したのが複式簿記であり，会計なのである。

したがって，会計の原点は，正確性と検証可能性に裏づけされた信頼性にあり，これこそが会計の損益計算構造を支えてきた複式簿記の出発点であり，同時にまた到着点でもある。この会計の信頼性を担保してきたのがまさしく発生（実現）主義を基軸に据えた取引価格（取得原価）にもとづく損益計算である。そこで算出された利益が信頼できるからこそ，複式簿記は，800年もの永きにわたって，会計の利益計算構造を支え続けることができたのである。

取得原価評価の矛盾

しかし，時移り，産業革命を目前にした17世紀後半から18世紀半ばにかけて，保有する資産の価額と取得時のそれとの間に大きな落差が生じてくると，会計の根源的な役割である損益計算機能にさまざまな矛盾が生じてきた。取得原価による測定で果たして正確な損益計算が行われるであろうかという疑義である。このような問題を解消するために，当該資産を現

在価値で再評価する会計処理法が再認識されてくる。

　また，18世紀後半から19世紀初めにかけて，それまでの組合や許認可制度によって設立された株式会社に代わり，巨大で近代的な株式会社が次々と誕生してくる。この巨大な株式会社の登場によって，正確で検証可能な信頼できる配当可能実現利益を計算するというそれまでの会計の主目的が，一般の株主から資金を調達するために投資意思決定に有用な情報を提供するという目的に大きく舵を切り替えることになる。会計目的の転換である。発生主義を基軸に据えた取得原価にもとづく配当可能な実現利益計算から，公正価値測定にもとづく企業価値測定への転換の先駆けとも言える現象である（図表3-5参照）。

[図表3-5]　発生主義会計と取得原価主義のほころび

```
            現代会計学            ←  意思決定有用性
          (受託責任・情報提供)         (有用性・目的適合性)
                ↑
            複式簿記         忠実な表現
          (信頼性・検証可能性)
                ↑
    認識 ┌─ 発生(実現)主義 │ 取得原価主義 ─┐ 測定
        │      不具合              不具合      │
        ↓                                      ↓
   ①利益はあるが資金不足，黒字倒産    ①資産や負債の価値が現在と相違
   ②利益とは何か(利益の中身・行先)    ②意思決定に有用な情報とは何か
   ③P/L重視からB/S，C/F重視へ        ③NPからFVへ，REVからALVへ
        ↓                                      ↓
    キャッシュ・ベイス              公正価値評価
   (キャッシュ・フロー計算書)       (包括利益計算書)
```

第 4 章

決算締切法の展開

「大陸式決算法から英米式決算法へ」の誤り

- 4-1 決算締切手続の方法

- 4-2 大陸式決算法と英米式決算法の起源

- 4-3 英米式という呼称の由来

- 4-4 翻訳過程で誤った呼称の導入

- 4-5 英米式決算法（簡便法）は簿記の最初から

4-1　決算締切手続の方法

　13世紀初頭，文書証拠として生成した複式簿記にそれまで潜在化していた損益計算機能が顕現化してくるのは，14世紀前半になってからのことである。当時のフィレンツェを中心とする期間組合では，利益分配の現実的な必要性から，当初は必ずしも定期的ではなかったが，期間を人為的に区切り，継続的な記録にもとづいて，企業の総括的な期間利益を計算する方法を採るに至った。

決算の二つの方法，大陸式と英米式
　この帳簿の締切方法，すなわち決算については，従来，いわゆる大陸式決算法と英米式決算法の二種類があるとされてきた。しかし，わが国の簿記に関するほとんどの教科書では，それらの史的な展開過程や呼称の由来等について何ら明らかにすることなく，単に両者の締切手続の相違を説明しているに過ぎなかった。名前のみから判断すると，大陸式決算法は，イタリア，ドイツ，オランダおよびフランスといった大陸諸国を中心に行われた締切法であり，これに対して，英米式決算法というのは，イギリスとアメリカを中心に行われた締切法であると考えられがちである。果たしてそうなのであろうか。[1] この点を検証していくのが本章の目的である。
　すなわち，これまでその言葉の用法から定説になっているように見受けられる決算締切法の展開，すなわち大陸式決算法から英米式決算法に発展して行ったという一般的な解釈が果たして正しいのか否かについて検証し

　1　この点については，久野［1979］74頁，久野［1985］234頁，等を参照。

ていくのが目的である．それと同時に，これらの二つの方法がいつ頃どのように展開していったのか，およびそれらの呼称の由来とわが国への導入過程を明らかにするつもりである．それによって，決算締切法が大陸式決算法から英米式決算法に発展して行ったという一般的な解釈の誤りを明らかにしていきたい．

4-2 大陸式決算法と英米式決算法の起源

　決算とは，企業の期間損益を決定するという会計上の計算機能であり，その手続きは，英語でClosingとも呼ばれているように，各帳簿の締切を中心に行われる．したがって，企業損益を確定するために行われる決算は，そのやり方の如何を問わず，複式簿記において損益計算機能が明確に機能してからの産物である．この決算は，帳簿が一杯になり，それまでの記録を新帳に繰り越すための締切手続（結算）とは，区別されなければならない．

　生成当初ではこのような呼び方がなされていたわけではないが，いわゆる大陸式決算法や英米式決算法が登場するのは，複式簿記で損益計算が可能になった14世紀前半以降のことである．結論的には，これらの二つの方法は，恐らくその当初から，どちらが先ということもなく，ほぼ時を同じくして当時の商人たちの間で広く行われていた．

大陸式決算法の締切方法

　いわゆる大陸式決算法のもとでは，周知のように，元帳諸勘定の締切にあたり，先ず収益・費用に関する諸勘定を集合損益勘定に振り替え，そこで算出された純損益を資本金勘定に振り替える．その後で，決算残高勘定

が新たに設けられ，資産・負債・資本に関する諸勘定が総て決算残高勘定に転記されると，残高勘定の借方と貸方の合計額が自動的にバランスするのである。しかも，一般的には，これらの決算に際しての振替手続は，すべての仕訳がなされ，したがってまた，すべての決算振替手続が仕訳帳を経由して行われることになる。

しかし，たとえいわゆる大陸式決算法にもとづく決算方式であっても，すべての決算振替仕訳がいつも仕訳帳を経由して行われるとは限らない。例えば，各資産・負債勘定から決算残高勘定への転記が個別に記帳された時には，決算残高勘定でその内訳を知ることが出来るため，決算仕訳を省略する方法も，18世紀のイギリスの簿記書の記帳例示では，数多く見出すことが出来る。

また，今日の説明では，次期のはじめに，資産・負債・資本に関する諸勘定を旧帳から新帳に繰り越すために，決算残高勘定とは別に開始残高勘定が設けられるが，当時においては，必ず両者が元帳内に設けられたわけではない。決算残高勘定のみが設けられ開始残高勘定は見出せない，あるいはその逆の例も，しばしば見られるところである。

大陸式の初期の事例

単なる帳簿締切のためではなく，決算目的のために残高勘定を設けた代表的な事例として，われわれは，ヴェネツィアのアンドレア・バルバリゴ商会の第1元帳（1430-1440）および第2元帳（1440-1449）等を挙げることができる。

アンドレア・バルバリゴ商会の会計帳簿は，仕訳帳A（1430/1/2-1440/8/31）とそれに対応する元帳A，仕訳帳B（1440/9/1-1449/10/18）とそれに対応する元帳Bの二組の主要簿が現在ヴェネツィアの古文書記録保管書に現存している（8頁の写真）。バルバリゴの帳簿が重視される要因は，

①第5仕訳帳と元帳でアラビア数字が使用されている，②仕訳帳が残存している，③勘定が左右対称方式で記帳されている，の三つである。

そこでは，元帳には，債権債務に関する人名勘定，物財勘定としての荷口別商品勘定や現金勘定，および名目勘定としての受取手数料勘定，経費勘定や損益勘定等が設けられている。帳簿の締切にあたっては，決算残高勘定が設けられると同時に，開始記入にあたり開始残高勘定が設定され，今日われわれが一般的に呼んでいる大陸式決算法によって元帳諸勘定を締め切っている。[2]

英米式決算法の締切方法

これに対して，いわゆる英米式決算法のもとでは，決算残高勘定は設けられず，損益勘定で算出された純損益が資本金勘定に振り替えられた後，他の諸資産や諸負債に関する総ての勘定が，決算残高勘定を経由することなく，直接新元帳に繰り越される。したがって，決算に際して，決算残高勘定は設けられず，資産・負債・資本に関する各勘定残高をそこに転記するのに必要な決算振替仕訳もまた行われることはない。新勘定に繰り越される諸資産や諸負債は，決算振替仕訳が行われることなく，新元帳に直接繰り越される。

この新元帳への振替記帳が正しいか否かを検証するために，最後に繰越試算表（決算後試算表，締切後試算表）が作成される。余談ながら，いわゆる英米式決算法は，簡便法と言われているが，繰越試算表を作成しなければ決算振替仕訳の正否を検証できないのであれば，必ずしもいわゆる大陸式決算法に比べてそれほど簡便になったということも出来ないのではなかろうか。

---

2 泉谷［1983］179頁。

ゼノヴァ市政庁，サン・ジョルジオ銀行，パチョーリでは英米式

　決算残高勘定を設けることなく直接新帳に繰り越すいわゆる英米式による決算は，ゼノヴァの市政庁の会計帳簿（1340）やサン・ジョルジオ銀行の会計帳簿（1408），あるいは世界最初の簿記書であるパチョーリ（1445-1517）の『スンマ』にすでに見出せるところである。

　サン・ジョルジオ銀行の会計帳簿は，718葉からなる膨大なもので，第1元帳には，預金者の人名勘定，現金勘定，財務官の勘定，サン・ジョルジオ家の私勘定，収益・費用に関する勘定および損益勘定が設けられ，第2元帳は，債権者の定期預金勘定のみからなっている。[3] 記帳や締切方法は，ゼノヴァ市政庁の帳簿と本質的には何も異なるところはないと言われている。[4] すなわち，帳簿の締切にあたっては，残高勘定を設けずに直接新帳に繰り越す方法，いわゆる英米式決算法が採られていた。

　残高勘定を設けているのかそうでないのかが必ずしも明らかでない例として，フィレンツェのファロルフィ商会の会計帳簿（1299-1300）やペルッチ商会の会計帳簿（1292-1293），あるいはデル・ベーネ商会の会計帳簿（1318-1324）等を挙げることができる。これらの帳簿には残高勘定が設けられているが，この残高勘定は，そのほとんどが出資主の人名勘定であるため，資本勘定であるのか残高勘定であるのかを明確に区分するのは必ずしも容易ではない。[5] そのため，彼らの決算方法が，厳密な意味では，いわゆる大陸式決算法なのか英米式決算法なのかを明確に規定するのは困難である。

---

　3 Alvaro [1974], pp. 739-740. De Roover [1956], p.135.
　4 Alvaro [1974], p.746.
　5 泉谷 [1980] 154-159頁。デル・ベーネ商会のP帳簿は，もともと「バルディーの反物帳」(quaderno dei panni de Bardi) といわれていたが，後にP帳簿と呼ばれ，亜麻，ぶどう酒の売買記録に用いられた。黒帳は，原則的には債権債務前後分離方式と，部分的には貸借前後分離方式で記帳された一般元帳である（泉谷 [1980] 219-220頁）。

『スンマ』における英米式の説明

(パチョーリ『スンマ』(1494)のタイトルページ)

時代は新しくなるが、パチョーリは、元帳の締切と平均について、『スンマ』の第27章「損失および利益勘定」、第28章「元帳の繰越方法」、第32章「元帳の平均」および第34章「旧元帳勘定の締切。借方および貸方の総計」で詳細に述べている。[6] そこでは、収益・費用に関する諸勘定が元帳の最後に設けられる損益勘定に振り替えられ、その残高すなわち企業損益が資本金勘定に振り替えられる。次いで、現金、債権を始め資産・負債・資本に関する諸勘定が、仕訳帳に記帳されることなく、旧帳から新帳に直接繰り越される処理法が説明されている。名称こそ使われていないが、パチョーリは、まさしく今日のいわゆる英米式決算法による締切手続を説いている。

大陸式も英米式も同時に実施

このように、いわゆる大陸式決算法と英米式決算法は、どちらが先ということもなく、遅くとも14世紀前半までには生成をみている。その初期においては、実際の取引ではない振替取引等については、例えいわゆる大陸式決算法による場合でも、仕訳帳を経由しないのがむしろ一般的であった。しかし、16世紀を迎えると、漸次、決算のための振替取引をも仕訳す

---

6 片岡 [1967] 216-218, 220-222, 233-237, 244-249 頁。

る方法が定着してくる[7]。

　1558年にヴェツィアで上梓されたカサノーヴァの『最も簡明な手引き』では，元帳の締切に当たって，決算残高勘定および閉鎖残高勘定が設けられ，すべての振替取引が仕訳されるに至った[8]。それ以降，ほとんどの簿記書で，いわゆる大陸式決算法にもとづく説明が支配的になってくる。18世紀のイギリスにおいても，メイヤー（1702 or 3-1769）の『組織的簿記』（1736），『現代簿記』（1773）あるいはハミルトン（1743-1829）の『商業入門』（1777）を始めそのほとんどの簿記書で説かれている元帳締切手続は，いわゆる大陸式決算法による締切法の説明が一般的である。簡便法（the abbreviated method）としての英米式決算法が，15世紀以降再び登場し広く利用されるに至るのは，わずかの例外を除けば，19世紀後半になってからである。

4-3　英米式という呼称の由来

わが国簿記書での決算法の説明

　以上みてきたように，わが国で一般に説かれているいわゆる大陸式決算法や英米式決算法は，それらの名称自体の使用は別にして，複式簿記の生成当初から，どちらが先ということもなく，広く一般に用いられてきた。では，このような名称は，いつ頃から用いられるに至ったのであろうか。

　わが国でいういわゆる大陸式決算法と英米式決算法に相当する用語は，

　7　木村，小島共著［1983］178頁。
　8　Peragallo［1938］, p.69. 岸［1983］218-235頁を参照。

1893年(明治26年)にロンドンで出版されたディクシー (1864-1932) の『会計士志願者のための簿記』や1895年(明治28年)ハダーズフィールドで出版されたフィールドハウスの『学生のための完全商業簿記』[9]の中で説明されている「大陸法」,「イギリス法」というのが, その初期の事例である。ただし, 両者の説く大陸法, イギリス法というのは, 決算締切法ではなく, 帳簿組織の違いとして説明されている。

ディクシーによる説明

　ディクシーは,『会計士志願者のための簿記』の第Ⅰ部第Ⅴ章の「『大陸』法」において各国における帳簿組織の相違について述べ, 続く第Ⅵ章の「『大陸』法にもとづく元帳の締切」において, "The Continental System"という用語を用い, イタリアやオランダやドイツ, フランス等の大陸諸国が一般に採用している帳簿組織のもとでの決算締切法について, 以下で述べるように, かなり詳細な説明を与えている。もちろんそこでは, これとの対比において, "The English System" という用語を使って, イギリスで用いられている帳簿組織の下での締切方法について詳細に述べている。

　第Ⅴ章の冒頭で, 彼は, 大陸で一般に用いられている帳簿組織は, イングランド地方で用いられている方法とはいくらか異なっており, 理論的には, 大陸法の方がイギリス法よりも完成されたものであり, 学生にとっては, 前者を理解するのがこの国で一般に用いられている「簡便法」(the

---

9　私の手元にあるフィールドハウスの著書は, 第11版で, 出版年度は1907年である。そこでは "On the Continent the use of the 'Journal' (in which every entry must be made before posting to the Ledger, this being known as the Continental System) is made compulsory, under heavy penalties for noncompliance ; and in our own country bankrupts are liable to punishment for failing to keep a sufficient record of their business transactions," となっている (Fieldhouse [1907], p. 5)。なお, イギリス法の説明は, 本文79頁「実用簿記」(Practical Book-keeping) で見られる。

abbreviated method）すなわちイギリス法をヨリはっきりと理解するのに役立つであろうと述べている[10]。ディクシーは，大陸法とイギリス法による元帳の締切方法の主要な相違が，前者においては，すべての取引が仕訳帳を経由して行われるところにあるとし，今日われわれが教科書の中で見出すのと類似した説明をしている[11]。

　また彼は，これは決算ではなく帳簿組織の相違になるが，大陸法とイギリス法では，仕訳帳の形式に次のような相違が見られるとしている。すなわち，大陸法による仕訳帳は，①左端の摘要欄外に借方の元帳丁数が記帳される，②日付は摘要欄に記帳される，③右側の摘要欄外の元帳丁数欄には貸方の元帳丁数のみが記帳される，④借方と貸方の仕訳項目が各々一つずつの場合には，金額は左端の貸方金額欄に一回のみの記帳がなされるのに対して[12]，イギリス法によるそれは，①左端の摘要欄外に取引番号と日付が記帳され，②摘要欄には仕訳のみが諸口を用いず個別に記帳され，③右側の摘要欄外の元帳丁数欄には借方と貸方の両方の元帳丁数が記帳され，④金額は借方と貸方の双方に同一額が記帳されると述べ[13]，大陸法とイギリス法の帳簿組織の違いを明らかにしている。

フィールドハウスの説明

　フィールドハウスの『学生のための完全商業簿記』の新訂版『フィールドハウスの完全な簿記と勘定原理』（1895）において，ディクシー同様，大陸法およびイギリス法という呼び方で，帳簿組織の相違についての簡単な

10　Dicksee [1913], p.45.
11　Dicksee [1913], p.54
12　Dicksee [1913], p.46.
13　Dicksee [1913], p.38. 大陸式帳簿組織における仕訳帳とイギリス式帳簿組織における仕訳帳の相違については，渡邉［1993］11-12 頁を参照。

説明を見出すことができる。すなわち，彼は，取引の記帳にあたり，大陸諸国では「仕訳帳」が必ず使用され，すべての取引は元帳に転記される前に，そこに記帳される。このような方法は，一般には，大陸法として知られていると述べている。[14]

しかし，この大陸法にもとづいて，すべての取引を仕訳するのは，現実の経営においては，繁雑になるため，補助簿を仕訳帳の代わりに利用して，仕訳帳を省略する方法が採られるようになった。これは，仕訳にかかる労力を節約することになるが，かといって複記の原則を妨げるものではない。これらの補助簿あるいは原始記入帳の使用によって，同種の取引が一つに集められ，多くの原始記入や元帳への転記が著しく縮減される。このような方法がイギリス法（イギリス式簿記法）と呼ばれているものである，と述べている。[15]

大陸法，英米法は決算法ではなく帳簿組織の相違

この説明のみからでは，必ずしも，イギリス式簿記法による帳簿組織体系がどのようになっているかを理解するのは困難であるが，ここでの彼の説明は，帳簿の締切方法として大陸法とイギリス法の二つの方法があるというのではなく，帳簿組織そのものの相違としてこれらの二つの方法を掲げているのは，明白である。フィールドハウスの説く大陸法とイギリス法というのは，ディクシー同様，単なる決算締切法の種類ではなく，帳簿組織の形態上の種類なのである。

すなわち，大陸法というのは，分割仕訳帳（特殊仕訳帳）制ないしは分

---

14 Fieldhouse and Fieldhouse [1965], p. 5.
15 Fieldhouse and Fieldhouse [1965], p.76. 同じ頁で，彼は，実務で要求される記帳例として，現金出納帳，仕入帳，売上帳，普通仕訳帳（ジャーナル・プロパー）および元帳の五つを挙げている。

割日記帳制を採りながらも普通仕訳帳すなわち一般仕訳帳と総合仕訳帳すなわち合計仕訳帳を用い，すべての取引を仕訳帳に記帳する大陸式簿記法のことを指し，これに対して，イギリス法というのは，分割仕訳帳制だけではなく分割元帳制や独自平均元帳制をも採りながら総合仕訳帳を省略する方法を指している。例えば，分割仕訳帳から元帳へは直接転記がなされ，すべての取引が必ずしも仕訳帳を経由しないというのがイギリス式帳簿組織なのである。

このように見てくると，ディクシーが，第Ⅴ章と第Ⅵ章の2章に分けてそれぞれ「大陸法」と「大陸法にもとづく元帳の締切」について述べているのも理解できよう。第Ⅴ章で，すべての取引を仕訳帳経由で行う大陸式簿記法一般について説明し，続く第Ⅵ章でイギリス（式簿記）法と対比しながら，大陸（式簿記）法による決算手続について詳しく説明しているのである。

アメリカでは別の呼び方

元帳締切方法としての大陸法（大陸式決算法）あるいはイギリス法（英米式決算法）という呼び方は，主として，イギリスなかでもイングランドを中心になされていたと思われる。しかし，ディクシーやフィールドハウスに遅れること四半世紀，当時のアメリカでは，元帳の締切方法について大陸法とかイギリス法といった名称とは別の呼び方がなされていた。

1918年（大正7年）にボストンで出版されたマイナー（1860-1935）とエルウェル（1885-?）の共著による『簿記原理（入門編）』の中では，「元帳の締切には二つの一般的な方法がある。すなわち，直接［繰越］法と仕訳帳［経由］法である」[16]という説明が見出される。この直接［繰越］法（ダイレクト・メソッド）がいわゆる

---

16 Miner, George and Elwell [1918], p. 37.

英米式決算法であり，仕訳帳［経由］法(ジャーナル・メソッド)が大陸式決算法であるというのは言うまでもない。

仕訳帳［経由］法と直説［繰越］法

　同様の説明は，1920年（大正9年）にシカゴでライオンズ（1861-1920）とスミス（1881-?）によって上梓された『ライオンズの簿記と会計』や1923年にボストンで著されたマクマリー（1880-?）の『簿記教師のための手引き』にも見出せる。ライオンズは，マイナーとエルウェルの説く"the Journal Method"を"the Journal Entry Method"と呼び[17]，マクマリーは，"the Direct Method"を"the Direct, or Ledger-transfer, Method"と呼んでいる[18]。著書や時代によって，その呼び方に多少の相違は見られるが，イギリスの簿記書に見られる大陸法およびイギリス法という呼び方よりも，アメリカの簿記書に見られる仕訳帳［経由］法や直接［繰越］法という呼称の方がむしろ合理的のようにも思われる。しかし，わが国では，前者の影響を受けて，大陸式決算法，英米式決算法と呼ぶに至り，後者の影響による呼称が用いられることはなかった。

ディクシーからの影響が大

　このように，わが国で一般に説かれている大陸式決算法と英米式決算法は，それらの呼称や手続論に関していえば，19世紀末に出版されたディクシー等に代表されるイギリスの簿記書からの強い影響を受けたもので，ア

　17　彼は，「本書では，仕訳帳経由法が公認会計士によって一般的に利用されている方法なので，これを図解によって説明する」と述べている（Lyons and Smith [1920], p.54）。
　18　Mcmurry [1923], p.28. スミスとジェンキンズの簿記書では，いわゆる英米式決算法が「実務法あるいはビジネス法」と呼ばれていた（久野［1985］345頁）。

メリカの簿記書からの影響はそれほどなかったものと思われる。そこで，次に，具体的にはいつ頃，誰の手によって大陸法および英米法という呼び方がわが国に導入され，定着されるに至ったかを検討していくことにする。

4-4 翻訳過程で誤った呼称の導入

明治初期の簿記書での説明

　明治期に刊行されたわが国の多くの簿記書では，決算（結算）の種類として，平常決算（平常結算）と閉業決算（閉業結算）の二つをあげて説明するのが一般的であった。いうまでもなく，前者は，企業が経営継続中に期間利益を計算するために期末に行う決算法であり，後者は，企業が閉業に際して清算のために行う帳簿の締切方法である。

　明治30年代に入ると，これら二つの種類に加えて，名称は未だ統一されるに至っていないが，決算の方法上の相違から，いわゆる大陸式決算法と英米式決算法についての説明が簿記書の上に登場してくる。その初期の一例として，われわれは，明治30年（1897年）に初版が，その5年後に訂正増補版が上梓された佐野善作『商業簿記教科書』や明治37年（1904年）に出版された廣岡米治郎・山岡嘉太郎共著『最近商業簿記』，および明治40年（1907年）に著された吉田良三『最新商業簿記』等をあげることができる。

佐野善作の誤解

　佐野善作は，その第9章「元帳結算」で，「元帳結算は其方法に大陸法及ひ亜米利加法の二別あり其種類に平常結算（一に普通結算と謂ふ）及ひ閉

業結算(一に純粹結算と謂ふ)の二種類あり大陸の結算法は凡そ元帳に登記せらるべき事項は何事に依らず必す日記帳仕譯帳(仕譯日記帳を用ゐたるときは仕譯日記帳 金銀出納帳の如きを主要簿として用ゐたるときは亦其帳簿)を経由すべしとの趣意に基き元帳結算の為め元帳に記入する事項は悉く先つ日記帳及ひ仕譯帳に記入し夫より元帳に轉記し以て結算を行ふものにして亜米利加の結算法は日記帳仕譯帳を經由することなくして直ちに單独に元帳に於て結算を行ふものを云ふ」[19]と述べている。

明治期の簿記書での説明

　廣岡米治郎・山岡嘉太郎共著の第8章「元帳締切」では,「目的上ノ區別　第一種, 平常決算, 決算後引續キ営業ヲ為ス時, 第二種, 閉業決算, 全ク閉業ヲ為ス時ノ決算　方法上ノ區別　第一種, 大陸法, 元帳, 日記帳, 仕譯帳 ノ三冊ヲ用ヒテ決算スルモノ(元帳ニ記録ス可キ事柄ハ必ズ日記帳仕譯帳ヲ經ザル可カラズトノ原則ヲ以テ決算ニ要スル記入ヲモ一旦日記帳, 仕譯帳ヘ記入ス可キヲ要求スルモノ)第二種, 亜米利加法, 單ニ元帳ノミニテ決算シ得ルモノ　大陸法ノ決算ハ迂遠ナリ今簡單ナル亜米利加法ニ依リ平常閉業両決算ノ方法ヲ示サン」[20]との説明が見出せる。

　吉田良三の『最新商業簿記』の第四章「決算」の中でも,前二者と同様の叙述がみられる。すなわち,結算には普通結算または平常結算と閉業結算の二種類があるとし「結算手續に於ける英米法と大陸法との差異」という項目のもとで,「結算に必要なる手續は直接に元帳の各勘定口座に記入せられ少しも仕譯帳の援助を藉らざるなり此方法は英米及我國にて行はるゝものにして従て英米法と稱せらる,此法に対して大陸法と云ひ欧州大

19　佐野［1904］84頁。
20　下野校閲,廣岡・山岡共著［1904］88頁。

陸に行はるゝ方法は結算手續を元帳に施す上に於て多少英米法と異るなり即ち大陸法にては總て元帳への記入は其實際取引たると否らざるとを問はず如何なる事項も必ず先づ仕譯帳に仕譯記入し然る後元帳に轉記せらるゝものとす，從て此法により結算を行ふときは前記結算手續を英米法の如く直後に元帳勘定口座に記入する能はず先づ以て此等を仕譯帳に仕譯し然る後元帳に轉記し各口座を締切るなり」と述べている。

当時の辞典での説明

明治40年代には，すでに辞典においても大陸法および英米法の説明が見出せる。明治42（1909）年に出版された武田英一閲，川戸藤吉編『簿記學辞典』には，大陸式決算法（同義語として大陸法），亜米利加式決算法（同義語として亜米利加法）および英吉利法(イギリス)の項目が設けられ，説明が加えられている。

大正5（1916）年に著された木村禎橘『簿記経理學綱要全』では，決算仕訳をするか否かによって，前者を英米法，後者を大陸法，一部分のみ仕訳帳を経由させる方法を折衷法と呼び，「英米法又は英米式 English Method or English System 英米法又は英米式決算法は，決算に際し原始簿なる仕譯日記帳を経由せず，元帳面にて直接に決算記入繰越記入をなす方法にして朱記を用ゆるものなり。……大陸法又は大陸式 Continental Method or Continental System 大陸法又は大陸式決算法は『元帳記入は原

---

21 吉田［1907］104-105頁。しかし，同じく吉田良三の手によるものでも，明治37（1904）年の『最新商業簿記學』（同文館），明治40（1907）年の『簡易商業簿記教科書』（同文館）には，大陸法（大陸式決算法），英米法（英米式決算法）ないしは亜米利加法（亜米利加式決算法）についての説明は見られない。なお，大正3（1914）年に出版された『最新式近世簿記精義』（同文館）では，大陸式と英国式という項目を設けて説明している（435-445頁）。

22 武田閲，川戸編［1907］，11-17, 34, 656頁。

始簿たる仕譯日記帳よりの転記によらざるべからず』との原則を一貫し決算の場合の例外を認めず，元帳の決算記入も繰越記入も全て仕譯日記帳を経由して元帳に黒記せらるゝ方法なり」と説明している。[23]

　これと同様，大正10（1921）年に出版された須藤文基編『簿記學辭典』でも，亜米利加式決算法（同義語として亜米利加法），大陸式決算法（同義語として大陸法）という項目での説明が見られる。[24] まさしく，決算における帳簿の締切方法の相違と帳簿組織の相違を混同していたことが窺える。

イングリッシュ・システムが何故か英米式に翻訳

　このように，コンティネンタル・システムの邦訳に相当する用語は，大陸法で統一されているにもかかわらず，イングリッシュ・システムのそれは，佐野善作の著書を初めとして，廣岡米治郎・山岡嘉太郎の共著書等，それ以降明治期全般にかけて出版され，決算締切法について述べているほとんどの簿記書で亜米利加法となっているのに対して，吉田良三と木村禎橘の著書等，明治末期から大正に著された簿記書では，その多くが英米法となっている。とりわけ木村禎橘の著作では，"Continental Method or Continental System" に対比して "English Method or English System" と英文で明示されているにもかかわらず，日本語としてはイギリス式ないしはイギリス法とならず，なぜか英米式ないしは英米法となっている。どうしてこのような邦訳になったのかは，当人に聞くしか他に方法はない。

　ただ先に見た明治42（1909）年の武田英一閲，川戸藤吉編『簿記學辭典』では，大陸式決算法（および大陸法）亜米利加式決算法（および亜米利加法）のほかに英吉利法が設けられ，簡単な説明がなされている。しか

---

23 東閲，木村［1922］148-149頁。
24 須藤編［1921］11-17, 656頁。

しながら，ここでいう英吉利法というのは，決算締切法としてではなく交互計算法の一種としての直接法の別称として説明されている。すなわち，決算締切法としての"English System"の邦訳にあたり，英吉利法という用語がすでに別の内容を意味する概念として用いられていたため，仕方なく亜米利加法（ないし亜米利加式決算法）と訳出し，後に英米法と邦訳されたのではないかと推測される。

時代はかなり新しくなるが，昭和6（1931）年に出版された原口亮平『簿記學』では，当時一般にみられるように，決算を平常決算と閉業決算に分けた上で，「決算は更に英国式決算と，大陸式決算とに之を別つ」[25]と述べている。われわれは，吉田良三の『最新式近世簿記精義』や原口亮平の『簿記學』をイギリス法ないし英国式となっている数少ない事例としてあげることが出来る。

複式簿記導入期の混乱による誤った解釈

複式簿記が，明治維新（1868年）と共に欧米先進諸国からわが国に導入されたのは周知の通りである。しかし，明治および大正初期頃までに上梓されたわが国の簿記書では，そのほとんどが引用文献や参考文献を掲げていない。そのため，そこに見られる説明が欧米のどの簿記書からの影響であるのかを特定するのは，難しい。したがってまた，当時わが国で一般に用いられた大陸法（あるいは大陸式決算法）および英米法（あるいは英米式決算法，亜米利加法または亜米利加式決算法）の原語が何であるのかを特定するのもまた困難である。

ただし，すでに述べたように，木村禎橘の簿記書では，イングリッシュ・メソッドあるいはイングリッシュ・システムという用語が英文で示され，

---

25 原口［1931］150-156頁。

大正8（1919）年の上野道輔の口述書『曾計學　第一部　簿記原理』では，「Dicksee ハ元帳締切ノ目的ヲ擧ゲテ二ツトナシ……」と述べた後で，「決算ノ手續ハ大陸式ト英米式トニ依リテ異ル，大陸式ハ完全ニシテ理論的ナレドモ不要ナル重複ヲ含ム，英米式ハ實際的ニシテ大陸式ヨリ脱胎シタル簡便法ナリ」と説いている。

ディクシーを誤訳したのが原因

　また，この口述書をもとにして大正11（1922）年に出版された上野道輔『簿記原理　會計學　第一部』においても同様の説明が見られる。しかも興味あるのは，序言の後で40冊にわたる欧米の参考文献を掲げ，そこに，ディクシーの『会計士志望の学生のための簿記』の第6版（1909年）が挙げられている。

　このようにみてくると，今日わが国で一般に使われているいわゆる大陸式決算法および英米式決算法というのは，本来，ディクシーに代表される19世紀後半のイギリス簿記書で説明されていた大陸式とイギリス式に分類された帳簿組織の相違が，それらの帳簿組織のもとでの締切法を帳簿組織と切り離して，大陸式決算法・英米式決算法と誤って解釈し，その誤解が今日まで何の疑いもなく継承されてきた結果であろう。

　これらイギリスの簿記書で説かれたコンティネンタル・システムおよびイングリッシュ・システムが，明治20年代の後半から30年代にかけてわが国に導入され，大陸法および英米法（初期においては亜米利加法）と翻訳され，広く市民権をもつに至り，今日まで継承されてきたものと推測される。

　26　上野［1919］51-52頁。
　27　上野［1925］v頁。

4-5 英米式決算法（簡便法）は簿記の最初から

通説の誤り

　企業の総括損益を確定する計算職能としての決算の方法は，複式簿記がイタリアからオランダ，そしてイギリスやアメリカに伝播していくにつれて，進化していったに相違ないという考えの下で，大陸式決算法から英米式決算法に発展していったと推論したのである。しかし，事実は，違っていた。

　期間損益を確定する会計上の計算職能の方法にいわゆる大陸式決算法と英米式決算法の二つがあるのに変わりはないが，その名称自体には問題が残る。しかも，一方が他方から進化して形成されたわけでもない。複式簿記に損益計算機能が付け加えられた14世紀前半からすでに，大陸式決算法と英米式決算法は，どちらが先というのではなく，両者とも時を同じくして，当時の商人達の間で広く用いられていた。これが歴史的事実である。決して大陸式決算法から英米式決算法が派生して生まれたわけではないし，両者のネーミングにも違和感を覚えざるをえない。

17, 18世紀の簿記書では大陸式が中心

　16世紀以降に多くの簿記書が相次いで出版されてくると，そこで説かれる決算締切法は，いわゆる英米式決算法も含めて，漸次，大陸式決算法へと集約されていく。とりわけ，このような傾向は，17・18世紀のイギリスで出版された多くの教科書用簿記書の中に見出せる。

　恐らく，実務とは異なり，教科書としての説明には，簡便性よりもむしろ論理性や完全性，あるいは誤謬回避性といったものが優先されたため，それらの要求に適合した大陸式決算法が英米式決算法よりもヨリ好都合で

あったからと思われる。ただし，決算残高勘定を設けない簡便法による決算手続きは，1635年のダフォーン（Richard Dafforne）の『商人の鏡』の中で簡単に触れられている。[28]

大陸式決算法と英米式決算法の区別は，振替取引を含めて，すべての取引が仕訳帳を経由するか否かによってなされるという説明が，今日，一般に行われている。しかし，当時の簿記書おいては，決算にあたって決算残高勘定を設けるいわゆる大陸式決算法によりながらも，その決算振替仕訳を仕訳帳に記帳しないやり方も数多く見出せる。これは，決算残高勘定への振替仕訳が個別に転記され，そこで個別の取引を確認できた時には，あえて仕訳帳に記帳しなくてもよいとの判断がなされたためと思われる。

決算残高勘定での一括記帳と決算振替仕訳との関連

決算残高勘定の借方・貸方の諸項目がそれぞれ一括して［借方：諸口／貸方：諸口］と仕訳された場合は，決算残高勘定で個々の取引を確認することができない。そのため，決算振替仕訳を仕訳帳に記帳することによって，決算残高勘定に記載された勘定を確認したものと思われる。[29]

18世紀後半のイギリスの簿記書のうち，いわゆる英米式決算法で帳簿を締め切った事例は，むしろ少数であった。この少数の事例に，マギーの簿記書（1718）やマルコムの簿記書の第2取引例示（1731）をあげることが出来る。18世紀を代表するメイヤーの第1，第2の簿記書（1736, 1773）やハミルトンの簿記書（1777），あるいはマルコムの簿記書の第1取引例示（1731）等は，いわゆる大陸式決算法によって帳簿を締め切っている。[30]

---

28 Dafforne [1635], p. 51.
29 例えば，18世紀イギリスを代表するメイヤーの『組織的簿記』（1736）や『現代的簿記』（1773）等に見られる。
30 渡邉 [1983] 120頁。

第4章　決算締切法の展開：「大陸式決算法から英米式決算法へ」の誤り

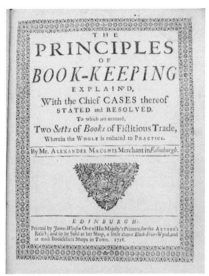

（マギーの簿記書：1718年）

　いずれにせよ，18世紀全般までにイギリスで出版された教科書用簿記書では，そのほとんどがいわゆる大陸式決算法によるものであり，たとえイギリスにおいてさえも，いわゆる英米式決算法によって元帳の締切手続を説明している簿記書は，極めて少数といえる。17世紀初めから19世紀前半頃までの約200年間に限定して言えば，いわゆる英米式決算法がイギリスやアメリカで出版された簿記書の中で広く一般に説明されていた方法であるというのは，必ずしも妥当しない。

簡便化の影響

　可能な限り記帳労務を簡略化したいという実務的要求は，いつの時代でも，どこの国においても生じてくる。多くの商人や初めて簿記を記帳する人たちの間では，複雑で難解な複式簿記に代わる，あるいは複式簿記を改

良した簡単で分かり易い記帳の方法はないものかという強い要求が絶えず横たわっていた。この要求に応えて登場するのが，次章で述べるダニエル・デフォーによって提唱された単式簿記である。

　この記帳労務の簡便化への要求は，あらゆる側面に現れ，その1例が帳簿組織や決算締切法の改良への動きである。経済の発展に伴い，無限に拡大していく記帳労務とそれを記録する人の手の有限さが様々な工夫と改良を生み出し，取引の記録システムを驚くほどに進化させていった。

各国で独自の発展を遂げた帳簿組織

　イギリスにおいて改良された帳簿組織は，19世紀に入り独自の発展を遂げ，やがてドイツやフランス等大陸諸国のコンティネンタル・システムないしはコンティネンタル・メソッドと区別するため，自らの方法をイングリッシュ・システムないしはイングリッシュ・メソッドと呼ぶに至った。19世紀の後半，ディクシー等によりこの大陸法とイギリス法の違いが詳しく解説され，それぞれの異なった国において行われていた決算締切法が，異なった帳簿組織の違いの下での締切法と切り離されて，単に決算締切法の違いとして，明治期の洋式簿記導入の過程で，多くの簿記の専門家の手によって誤って紹介された。

　その嚆矢になったのが佐野善作の『商業簿記教科書』(1897)であった。ディクシーの『会計士志願者のための簿記』の出版（1893）のわずか4年後（明治30年）のことである。当時の通信・交通事情を考慮すれば4年という年月で翻訳導入されたというのは，まさに驚異的と言わざるをえない。洋式簿記の導入過程で，帳簿組織の相違としてではなく決算手続の相違としてのみ取り上げられ，大陸（式決算）法および英米（式決算）法と邦訳・説明され，市民権を得て，今日にまで至っていたというのが事実なのである。

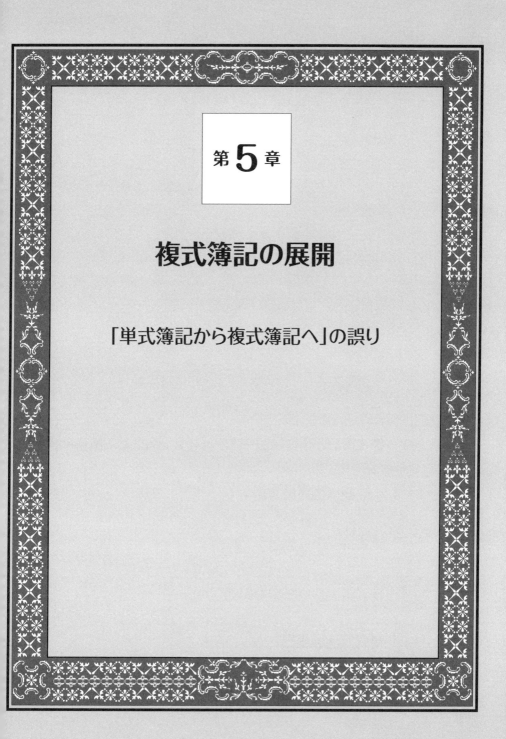

第5章

複式簿記の展開

「単式簿記から複式簿記へ」の誤り

- **5-1** 複式簿記と企業簿記－簿記は複式簿記として誕生－
- **5-2** 小売商への適用簿記
- **5-3** 単式簿記の先駆者デフォー
- **5-4** 複式簿記から単式簿記へ
- **5-5** 単式簿記の限界
- **5-6** 単式簿記の進化とジョーンズ式簿記

5-1 複式簿記と企業簿記―簿記は複式簿記として誕生―

単に簿記といえば複式簿記

　簿記の生成史を考えるにあたって，簿記をどのように捉え，どう定義づけるかは，重要である。なぜなら，簿記の本質をどう定義づけるかによってその生成の時期が異なってくるからである。

　これまでの解釈では，簿記史ないしは会計史研究の出発点は，複式簿記の生成史であって，決して単式簿記の生成史ではない。著名なアメリカの会計計学者A.C.リトルトン（1886-1974）は，「『簿記』なる用語は一般に『複式簿記』にかえて用いられており，かならずしも，それは複式と単式との二つ［の］簿記概念を包括するものではない[1]」と述べ，われわれが簿記の歴史というときには，複式簿記の歴史を指していることを示唆している。すなわち，簿記の歴史研究は，複式簿記の歴史を辿っていく研究ということになる。

　このように考えていくと，簿記は，13世紀の初めにイタリアの北方諸都市で取引に伴う債権債務の備忘録，ないしは文書証拠を記録するために産声をあげたことになる。簿記は，その誕生当初から，取引を二面的に捉える資本計算（損益計算）の技法として機能していた。逆説的に言えば，取引を二面的に捉える損益計算の技法を簿記と定義づけていることになる。すなわち，簿記は，複式簿記として歴史の舞台に登場し，決して単式簿記として誕生したわけではない。結論的には，単式簿記から複式簿記が生み出されたのではなく，後になって複式簿記からその簡便法として単式簿記

---

1 Littleton [1966], p.23. 片野訳［1978］38頁。

が考案されたのである。

取引の二面性は等価交換の結果

　商取引は，物々交換であれ，現金決済であれ，基本は，等価交換で行われる。その交換が真に等価で行われたのかそうでないのかは，ここでは問わないことにする。なぜなら，当事者は，内心お互いがそれぞれ得をしたと思うからこそ交換が成り立つわけで，その意味においては，不等価交換なのである。したがって，必ずしも等価でなくても，現実に交換することを了解した上での取引であれば，結果的には，お互いが納得したという意味で等価交換されたことになる。

　等価交換である以上，取引は，一方（出 or 入）だけで成立するのではなく，必ず同一価額のもう一方（入 or 出）が存在する。すなわち，売手と買手が存在するのである。たとえそれが，用益との交換であっても同じである。ここでの価値の出と価値の入りは，ある意味で原因と結果であり，フローとストックということもできる。近年ではその両者の価値が出口価値ないしは出口価格（売却市場における価格），入口価値ないしは入口価格（購入市場における価格）といった言われ方もする。この二面性にこそ，歴史的には，企業簿記が単式簿記ではなく複式簿記として最初に誕生する根源的で現実的な根拠を求めることができる。

　交換取引は，売手と買手の同一金額による両面からの記録，すなわち複式によって記録されることになる。後世，この複式による記録をより分かりやすくかつ簡単にするために，略式の記録方法が考案される。これが単式簿記である。したがって，取引を記録するための手段としての簿記は，先ず，複式簿記として成立したといえる。商人の記帳方法は，明確な根拠もなく，何となく単式簿記から複式簿記へと進化していったのではないかと思われているふしがあるが，決してそうではない。歴史的な事実は，逆

なのである。

簿記は歴史的産物

　商人の創意工夫として発生した複式簿記は，悠久なる歴史の営みの中で，企業簿記ないしは商業簿記として生成したのは，紛れもない事実である。自らがこの計算技法を進化させてきた事実を論理展開の枠組みの外において，如何に綿密な論究をしたとしても，そのような手法のみによっては，決して物事の本質を見極めることはできない。複式簿記を単なる純粋計算技法として捉える形式的接近法と複式簿記を企業簿記ないしは商業簿記として捉える実質的接近法に二分して行う分析的手法だけで，果たして複式簿記の本質にたどり着くことができるのであろうか。はなはだ疑問と言わざるを得ない。簿記は，数学とは異なるのである。

簿記は自然科学とは異なる

　私は，このような悟性的な分析的手法のみによる接近法では，如何なる社会科学もその本質を明らかにすることはできないと考えている。いわんや日々の商取引の中で商人たちの叡智によって考案された複式簿記であるならなおさら，当時の時代背景から切り取って，純粋にその計算手法だけを抽出してもその本質に接近することは，極めて困難であるというよりも，むしろできない相談である。

　われわれ個人がすべて時代の子であるように，複式簿記もまた商人たちの悠久なる歴史の営みの中で誕生し，そして自らを進化させてきた。現実に生きた商人たちの日々の営みを映し出す簿記を解明するに際して，歴史という枠組みを外してその本質に近づこうというのであれば，それは，「木を見て森を見ず」という行為に等しい。数学の如き自然科学ならいざ知らず，社会科学としての簿記を単に純粋計算技法として分析したとしても，

複式簿記の真の姿は，決して何処にも見出すことができず，そして何も見えてこないであろう。

リトルトンが考える簿記の本質

　リトルトンは，先に示したドゥ・ルーヴァの複式簿記の三つの生成要因，すなわち1. 信用（取引），2. 組合（企業），3. 代理人（業務）に対して，1. 資料（簿記で整理せらるべきもの），a. 私有財産（所有関係を変更する力），b. 資本（生産に用いられる富），c. 商業（財貨の交換），d. 信用（将来財貨の現在使用），2. 表現手段（資料を表現する手段），a. 書法（永久記録の手段），b. 貨幣（交換の手段，計算の共通尺度），c. 算術（計算の手段），を挙げ，これらの諸要素が経済的社会的環境によって総合的な力を与えられたときに，これから産みだされてくるものが，3. 方法（資料を体系的に表現する方法），すなわち簿記であるとした[2]。

　リトルトンによるこのような考え方が『會計』第32巻第1号と第2号に掲載された木村和三郎の論考「複式簿記と企業簿記」と同年の1933年に発表されたという事実は，歴史の偶然とでもいうのであろうか，極めて興味深いところである[3]。

　リトルトンによると，「これらは簿記を生成する基本的要素であるが，それが単に歴史的に出そろったというだけでは簿記を産みだし得るものではない。これらの諸要素はいずれも古代においてある種の形で現れていたが，早期の文明は今日われわれの理解する意味での複式簿記を産みだし得なかったのである[4]」。

---

　2 Littleton [1966], p.13. 片野訳［1978］23-24頁。
　3 渡邉［2014］156-157頁を参照。
　4 Littleton [1966], p.13. 片野訳［1978］24頁。

富から資本への転換が簿記を誕生

その理由として，1072年にトルコ軍によって攻略された聖地エルサレムを奪回するために1096年から1272年にわたって結成された十字軍の遠征により，多くの資本と利益が北部イタリア諸都市に蓄積されたことを挙げている。

すなわち，「古代文明の富は船となって活動せず，むしろ宮殿となって停滞した。しかし，中世イタリーでは，1200年から1500年にわたり，資本は一路生産方面に駆りたてられた。金のある貿易業者はみずから船をもち，資本を賭してこれに商品を満載した。もっとおだやかな行き方をとるものは，匿名組合員の出資を得て，みずからは業務執行組合員として活動した。さらに安全な途をえらぶものは，船を担保に金を貸すとか政府に金を貸すとかした」。その結果，単なる富が利益を産み出す資本に転嫁し，商業の飛躍的な発展や信用取引，あるいはアラビアから導入された計算技法としての算術等と相まって，複式簿記が誕生したのである。

複式簿記は企業簿記として誕生

こうして誕生した複式簿記の最大の特質は，単に記帳の二重性や貸借の均衡性に止まるものではない。「完全な簿記が成立するがためには，均衡性と二重性以外にさらに別の要素が加わらなければならない。この追加さるべき要素とは，いうまでもなく，資本主関係 Proporietorship －すなわち，所属財貨に対する直接的所有権と発生した収益に対する直接的要求権－である。この要素を欠くときは，勘定記入（帳簿記入）は，たんに相互に対応する記入の内容を要約してこれを適切な形式にまとめるということにす

---

5 Littleton [1966], p.19. 片野訳 [1978] 32 頁。

ぎなくなる⁶」のである。「このような利潤計算こそが完全な体系的な簿記の職分であったのである。人はそれを複式簿記と呼⁷」んだ。このリトルトンの言うプロパライアターシップ概念が次章で論ずる問題と大きく関わってくる。

　簿記の本質は，損益計算（資本計算）にある。このことは，まぎれもなく簿記がフローとストック，言い換えると原因と結果という二つの側面から企業の利益を計算するための技法であることを示している。すなわち，商人の取引記録は，単式簿記としてではなく複式簿記として歴史の舞台に登場したのである。というのは，単式簿記は，すぐ後で見るように，損益計算という点では，不完全な簿記であったからである。複式簿記は，決して単式簿記から発展したものではない。

5-2　小売商への適用簿記

小規模小売商の要求

　13世紀の初めに複式簿記は，商業資本の勃興と共に，企業簿記として誕生した。時移り，18世紀後半のロンドンで，複式簿記の簡便法としての略式簿記，すなわち単式簿記(シングル・エントリー)が当時の小規模な小売商やアカデミーやグラマー・スクールの簿記の教師のために考案される。

　すでに完成していた複式簿記の代替法として，小さな街の商店にも適用できる簡便な取引の記録計算手段として考案されたのがシングル・エント

　6　Littleton [1966], p.26. 片野訳 [1978] 45頁。
　7　Littleton [1966], p.27. 片野訳 [1978] 45頁。

リー，すなわち単式簿記なのである。18世紀後半にイギリスで登場する単式簿記は，わが国で一般に理解されている現金の収支記録に限定した財産の管理・保全計算として用いられる記録システムとは，大きく異なるものである。言葉は単式であるが，実際の記帳は複式で記録されている。詳しくは，後で述べる。

　複式簿記は，13世紀初めの発生以来18世紀後半に至るまでずっと，日記帳（ウェイスト・ブック）→仕訳帳（ジャーナル）→元帳（レジャー）という3帳簿制を採ってきた。商人たちは，日々の取引を正確に記録しておくことの必要性を十分に理解していた。しかし，このイタリア式簿記法（複式簿記）は，初学者には複雑であまりにも難しいため，もっと簡単に日々の取引を記録する方法はないものかという強い要望が特にイギリスの小規模の小売商を中心に出てくる。そこで登場するのが単式簿記である。一般的に理解されているように，単式簿記から複式簿記へと発展するのではなく，歴史の真実は，逆に複式簿記から単式簿記が考案されるのである。

単式簿記は複式簿記の略式簿記
　単式簿記の特徴は，日記帳と仕訳帳を合体させた仕訳日記帳（デイ・ブック）を用い[8]，元帳には債権債務に関する勘定と残高勘定のみが設けられ，企業損益を求めることは出来ず，単に交互計算が行われたに過ぎなかったところに求められる。余談になるが，明治初めの福澤諭吉『帳合の法』やそれ以降相次

　8　この仕訳日記帳（デイ・ブック）は，福澤諭吉の『帳合之法』を始め明治初期に出版されたわが国の簿記書では，日記帳と訳出されている。複式簿記の発生当初から18世紀後半まで広く一般に用いられてきた洋式簿記における日記帳は，ウェイスト・ブックと呼ばれており，18世紀のイギリスで用いられたデイ・ブックは，すぐ後で見るように，日記帳と仕訳帳が合体された仕訳日記帳のことを指している。明治期のわが国の簿記書で用いられた日記帳（デイ・ブック）とイタリア式簿記における日記帳（ウェイスト・ブック）とは異なることに注意されたい。

いで出版される簿記書の中で説明されている日記帳は，この仕訳日記帳のことである。

　単式簿記における残高勘定は，今日のように資産負債の一覧表を指すのではなく，実質的には諸 向 貸借勘定（カレント・アカウント）に過ぎない。そこではまさに，今現時点での貸し借りの残高が示されているだけで，残高勘定の貸借の差額は，決して純資産の額を表示するものではない。複式簿記の簡便法として発案されたのが単式簿記である。したがって，限定された取引だけではあるが，記帳される取引は，すべて借方と貸方の両方に複記される。

複記なのになぜ単式簿記か

　ではなぜ，このような複式（ダブル・エントリー）による記帳システムが単式（シングル・エントリー）と呼ばれたのかについては，理解に苦しむところである。敢えて強引な理屈をつけるならば，元帳には債権と債務だけしか記帳されないため，複式簿記はフローとストックの両面からの損益計算であるのに対して，単式簿記はストックの側面からのみの残高計算である。そのため，単式と呼んだと言うことが出来るのかも知れない。また，当時のシングルというのは，今日のシンプルという意味でも使われていたのかも知れない。

　小規模な商店では，たとえ正確であり，かつ重要であると分かっていたとしても，複雑な記帳方式は，どうしても敬遠されがちである。そのため，可能な限り記帳労務を簡略化させるために誕生したのが単式簿記である。従来までの主要簿である日記帳と仕訳帳を一緒にした仕訳日記帳が新たに用いられ，そこには債権と債務に関する取引のみが記帳された。したがって，元帳には，債権と債務および残高勘定だけが設けられるに過ぎなかった。その結果，当然のことながら，残高勘定では損益計算が出来ないのが道理である。記帳にかかる負担を可能な限り軽減しようとして発案された

第5章　複式簿記の展開：「単式簿記から複式簿記へ」の誤り　113

のが単式簿記ではあった。しかし，損益計算という視点からは，不完全な簿記であり，名前は単式簿記(シングル・エントリー)であるが，実質的には単純簿記(シンプル・エントリー)に過ぎなかったといえよう。

5-3　単式簿記の先駆者デフォー

経営学の先駆者デフォー

　産業革命前夜にブルジョワジーの代弁者として活躍した商人でありかつ経済思想家であったダニエル・デフォー(1660-1731)が『完全なイギリス商人』を著したのは，1725年のことである。[9]
わが国では『ロビンソン・クルーソー』(1719)の著者としてあまりにも著名なため，彼のいわばイギリス経営学の先駆者としての位置づけを忘れがちである。本名は，ダニエル・フォー(Daniel Foe)である。しかし，Foeというのは，「敵意を抱く相手」とか「かたき」とか「反対者」とか「害を与えるもの」といったマイナスのイメージが強かったため，本名の前にDeというフラン

(デフォー『完全なイギリス商人』第2版のタイトルページ)

9　デフォーの経済思想に関しては，天川［1966］を参照。

ス語やスペイン語やイタリア語でしばしば出身地を示す語を付けて，否定的なイメージを消し去ろうとしたのではないかといわれている。

商品，現金，債券債務の三つの重要性を説く

　デフォーは，『完全なイギリス商人』の第20章「商人の帳簿のつけ方および小売店での計算」の冒頭で「イギリス商人は，少なくとも年に1度は，自分たちの資本勘定や損益勘定の残高を求めるのが古くからのそして好ましい慣習であった」[10]と述べ，通常それは，クリスマスか新年に行われるとしている。また，「正確に帳簿をつけることは，商人の繁栄にとって一つの基本的な要因である。帳簿は，商人の財産の登録簿であり，資本の目録でもある。世の中の商人が持っている［重要な要素の］すべては，次の三つのものの中に見出されるに違いない」[11]として，商品，現金，債権債務をあげている。

　日常の取引を記帳するにあたって，とりわけ小規模の小売商にとってはあまりに複雑で厳密な取引記録が要求されると，記録すること自体が億劫になる。そのため，商人にとって最も重要な三つの要素である商品，現金，債券債務についてしっかりと把握し，記録しておくことが肝要と判断し，厳密な複式簿記による記録ではなく，三者に重点を絞った記録システムを提案した。それが単式簿記である。とりわけ，商品と現金は，現物であるため実際の棚卸しによって確認できるが，債権と債務に関しては，取引記録がなければその残高を確認することが困難である。そのため，商人にとって極めて重要な債権・債務の管理に重点を置いた記録システムを提唱したものと思われる。なお，もう一つの重要な現金については，仕訳帳

　　10　Defoe [1727], p.266.
　　11　Defoe [1727], p.267.

や元帳とは切り離して，現金出納帳に記録して管理した。

デフォーの特徴と帳簿組織

　デフォーは，主要な帳簿として，「現金出納帳」，「小口現金出納帳」，「仕訳日記帳あるいは仕訳帳」，「覚え書き控え帳」の四つを掲げ，その集約として「元帳」をあげている。その他に，補助簿として，「備忘録」，「小口債務帳」，「手形記入帳」等をあげている。元帳は，「最も大きくかつ主要な帳簿であるだけではなく，すべての簿記［手続き］の最後に位置する重要な帳簿なのである。なぜなら，これまでに述べたすべての帳簿［の金額］が元帳に集計され，［そこでの］残高のみが転記，再現され，［その後で］個々の項目の［確認の］ために仕訳帳や仕訳日記帳と照合し，［その結果，］元帳の勘定科目は，簡潔で一般的になる」という。

単式簿記の先駆け

　デフォーを先駆けとした単式簿記は，ハットンによって継承される。この18世紀イギリスで登場する単式簿記は，日記帳と仕訳帳を合体させた仕訳日記帳を用いているところにその特質の一つがある。この点から判断すると，デフォーは，自らが提唱する簿記法を単式簿記と呼んでいるわけではないが，ハットンやモリソン，ドン等によって，18世紀後半から19世紀初めにかけてイギリスで明確に規定された単式簿記や明治初頭に福沢諭吉を初めとして洋式簿記を紹介したわが国の多くの簿記書で述べられた

---

12 Defoe [1727], A Supplement to the Complete Tradesman in Part 1, p.43.
13 これらの各帳簿については，髙寺［1971］387-390頁を参照。なお，この他に補論の第4章で不幸にも火災を被った時のために元帳の写しを手帳に書き取っておくように説いている（Defoe [1727], pp.146-148.）。
14 Defoe [1727], p.124.

単式簿記の先駆者であるのは，明らかである。

　取引の記録手段としての簿記は，それが持つ二面性から，必然的に複式簿記として誕生する。決して，単式簿記から複式簿記へと進化したわけではなく，複式簿記の簡便法として単式簿記が考案されたのが歴史的事実である。[15]

　デフォーの簿記システムは，後のハットンによって明解に解説された単式簿記とは異なるところもあるが，彼らの説く単式簿記の先駆けとなったのは，まぎれもない事実である。単式簿記においても，仕訳日記帳と元帳以外に，いくつもの補助簿が用いられている。[16]

デフォーの記帳法

　デフォーの説く単式簿記による記帳は，次の通りである。

[図表 5-1]　デフォーによる取引の記帳

◆仕訳日記帳には，債権と債務に関する取引しか記帳されない。 　現金・小口現金→補助簿としての現金出納帳・小口現金出納帳(勘定様式)に記帳して管理。 　債　権・債　務→仕訳日記帳で仕訳し，元帳に転記して管理。(ただし，期中で現金やイングランド銀行発行の手形で受け取ったり，返済した時は，その都度相殺される。したがって，借方の債権残高が売上総額を，貸方の債務残高が仕入総額を表しているわけではない)。 　商　　　　　品→仕訳日記帳で管理(ただし元帳には転記されない)。したがって，期末棚卸商品は，仕訳日記帳で管理) 　そ の 他 の 取 引→補助簿が設けられている取引以外は，記帳されない。

15　渡邉［2012］125-126 頁。
16　Hutton［1785］, p.146.

デフォーの簿記書の第2版の補論に設けられた勘定例示は，合計六つであるが，そのすべてが人名勘定，すなわち債権と債務の勘定だけである。[17]その点で，デフォーの簿記論が複式簿記の解説でないのは明らかであり，言葉こそまだ使っていないが，すぐ後で相次いで登場する単式簿記による記帳法であったのは，明らかである。まさしく，単式簿記の先駆けとなる簿記書である。13世紀に発生した複式簿記は，18世紀に至り，小規模な小売商人にも適用できる簡便で単純な簡易簿記システムを誕生させた。それが単式簿記なのである。

5-4　複式簿記から単式簿記へ

ハットンの簿記書

　18世紀の後半を迎えると，デフォーの影響を受けて，若き経理マンや商店主のために複雑で初学者にとっては難解なイタリア式貸借簿記，すなわち複式簿記(ダブル・エントリー)に代わって，分かりやすく改良した簿記法，すなわち単式簿記(シングル・エントリー)について論述する簿記書が次々と登場してくる。

　チャールス・ハットン (1737-1823) は，後に何版も版を重ねる名著を1764年にニューカースルで出版し，その後，第11版 (1801年) に至るまで増刷される。1804年にはイングラムの手によってエディンバラで新版を，1806年には第12版が，さらに彼の死後17年を経過した1840年にはトゥロッターによる新版も上梓され，1871年まで様々な版が増刷されている。[18]時代は下るが，1874 (明治6) 年に出版された福澤諭吉『帳合之法』(初編略

17　Defoe [1727], pp.128-141.

式で単式簿記を解説)の原本であるブライアント,ストラットンの『ブライアント,ストラットン一般学校簿記』(1871)は,複式簿記だけではなく単式簿記についても詳説している。ハットンの簿記書は,複式簿記の解説ではないが,メイヤー,ハミルトンと並ぶ18世紀を代表する簿記書であることに,疑う余地はない。

単式簿記の説明は第2版以降

　1764年の初版のタイトルは,『教師の手引き,あるいは完全な実用数学体系』である。しかし,初版では,イタリア式貸借簿記法,すなわち複式簿記に関する説明で占められ,単式簿記についての論述は,まだそこに見出すことはできない。単式簿記に関する説明がみられるのは,1766年に出版された第2版以降のことである。第2版のタイトルは,『教師の手引き,すなわち様々な質問が飛び交う学校での使用や小売商のための簿記講習にも適応した完全な実用数学体系』となり,初版とは異なり,簿記学校の教師と小規模の小売商を意識したタイトル名になっている。タイトルには単式という言葉はまだ見られないが,40頁にわたる補論において,初版にはない単式簿記についての説明がなされている。[19]デフォーに遅れること40年程のことである。

　1771年に初版と同様ニューカースルで第3版『教師の手引き,あるいは実用数学と単式・複式の両者を含む簿記の完全な体系』が出版された。そ

　18　Yamey, Edey and Thomson [1963], pp.218-219. 私の手元には,第7版(1785)とイングラムの手による新版(1804)および久留米大学図書館の好意による「ハーウッド文庫」の第2版(1766)のコピーがある。わが国では,宇佐川秀次郎の手による邦訳『日用簿記法 完』が明治11年(1878)に出版され,その刊本の原稿である『尋常簿記法 完』が同じく明治11年に和綴じ本として出版されている。この間の事情については,西川 [1982] 123-153頁,および西川監修・解説 [1981] に詳しい。
　19　山下 [2012] 9頁。

こには，タイトルの中に単式簿記という語が明示され，単式簿記と複式簿記の違いも明解に述べられている。第7版は，1785年にロンドンで出版され，それ以降タイトルも『実用数学と単式・複式の両者を含む簿記に関する完全な論述。学校での使用にも適応』と変更され，以後多くの版を重ねている。

ハットン簿記書の特徴

ハットンは，ビジネスに従事しようとしているすべての人にとっては，単式簿記を学ぶことが必要であるという。なぜなら，イタリア式簿記法，すなわち複式簿記は，複雑で難解であるため，それを完全にマスターするには，忙しいビジネスマンにとってはとても時間が足りない，という不満を商人たちは絶えず持っているからであると述べている[20]。そのため，彼は，デフォーの説いた複式簿記に代わる簡便な簿記法を単式簿記(シングル・エントリー)と名付けて，取引例示と共に説明している。

単式簿記とは，最も単純で簡明な記帳方法であるが，同時に簿記の最大の使命である損益計算という点においては，不完全な方法でもある。というのは，単式簿記は，すべての取引のうち債権と債務に関する取引だけを元帳に転記するため，元帳で利益を計算することはできないからである。元帳の残高勘定では，単に交互計算が行われるに過ぎない。

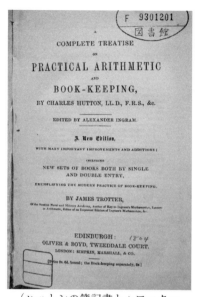

（ハットンの簿記書トゥロッターによる新版のタイトル：1840年）

---

20 Hutton [1785], London, p.145.

しかし，売上高が少なくしかも多品種の商品を扱っている小売商などにとっては，複雑な複式簿記で厳密な損益計算を行ったとしても，それに費やす時間と労力に見合うだけのメリットがなかったものと思われる。当時の小規模な小売商人にとっては，決算時点での債権と債務の残高を明確に把握するだけで十分であったのであろう。[21] 所得税法が制定（イギリスでは1799年）される以前では，小規模な小売商にとっては，必ずしも厳密な損益計算が必要とされることはなかった。今も昔も変わらぬところである。

ハットンの残高勘定

ハットンの残高勘定には，デフォーと同様，人名勘定のみが転記される。したがって，残高勘定の残高は，純資産を示すものではない。単式簿

[図表5-2] ハットンのA元帳の残高勘定

	借方 残高					貸方			
1777	J.エルフォード氏 債権	3	4	10	1777	R.バーバー氏	18	15	0
	アルダーマン，エイブルマン氏	25	0	0		メリー・グレイ夫人	9	8	6
	トーマス・ロウソン卿	11	19	2½		トーマス・グレイ氏	4	6	6
	ニコラス・ノートン氏	3	15	4½			32	10	0
	ロジャー・リーティル氏	33	5	9					
	コンラーダ・コンパウンド氏	56	19	5					
	ジョン・ベーカー氏	6	7	0					
	サミエル・エドワーズ氏	1	14	6					
	トーマス・ハンター氏	5	5	0					
	ピーター・トンプソン様	72	2	5¼					
	エドワード・ヤング氏	4	17	6					
		224	11	¼					

（Hutton [1785], p.171.）

---

21 Morrison [1808], p.15

記における残高勘定では，損益を計算することは出来ず，単に債権と債務を相殺した残高が単に総額として表示されているに過ぎないのである。[22]小規模な小売商にとって重要なのは，現金，商品，それに債権債務の管理にあるというのである。

　ハットンやモリソンの言う当時一般に単式簿記（シングル・エントリー）と呼ばれた簿記法は，それまで用いられてきた日記帳を仕訳帳と合体させ，仕訳日記帳と元帳のみを使用している。少しでも簡便な方法をという考え方が両者の統合を後押しした。ただ，仕訳日記帳には債権債務に関する取引のみが記帳され，その結果，元帳には債権債務を示す人名勘定だけしか設けられず，決算にあたって設けられる残高勘定で，純資産額を計算することはできない。この日記帳と仕訳帳を統合するやり方は，18世紀末以降，複式簿記においても用いられ，今日の［仕訳帳→元帳］という2帳簿制が一般的に行われるようになる。

　このように，単式簿記では損益計算はできず，単に複式簿記の簡便法に過ぎないのである。単式簿記は，会計の利益計算構造支える計算システムという点においては，不完全な簿記といわざるをえない。その意味では，シングル・エントリーを「単式簿記」と訳するよりはむしろ「単純簿記」（シンプル・エントリー）と訳出する方が内容的には適合しているといえよう。

単式簿記は交互計算

　今日では専門化が浸透し，仕入先と得意先が同じ取引先という事は少な

22　ハットンの単式簿記による元帳Aの残高勘定の記帳例では，前頁の［図表5-2］のように新帳への繰越に際し，残高の計算はなされていない。なぜなら，ここでの締切は，決算に際しての締切ではなく，単に帳簿が一杯になったため，旧元帳Aの当該勘定の貸借それぞれの合計金額をそのまま新元帳Bに繰り越しているに過ぎないからである（Hutton [1785], p.171）。

くなった。しかし，中世や近世初頭までの取引の形態は，得意先と仕入先が同じであることも決して珍しいことではなく，そのため債権と債務の両建て勘定が元帳内に設けられ，そこで交互計算が行われていた。

現金や商品は，仮に帳簿が付けられていなくても，実際に現物でその有高や金額を確認することができる。しかし，債権と債務は，記録がなければわかりようがない。そのため，これらの勘定のみが元帳に設けられたのであろう。

18世紀のイギリスで考案された単式簿記では，複式簿記でそれぞれ別個に設けられていた債権債務の勘定としての人名勘定が，別々の人名勘定としてではなく，カレント・アカウント（諸向貸借勘定）という勘定名で一括して元帳内に設けられるようになる。カレントとは，まさに「今現在」の貸し借りの相殺残高という意味であり，その貸借差額は，借方残の時には未回収債権を，貸方残の時には未決済債務をさしている[23]。決して今日の当座勘定を指している用語ではない。

3 帳簿制から2帳簿制へ

単式簿記で用いられた仕訳日記帳（ディ・ブック）というのは，簡便化を志向する単式簿記において，複式簿記の発生以来19世紀始めに至るまでの永きにわたり用いられてきた日記帳（ウェイスト・ブック）を仕訳帳と合体させた帳簿のことである。19世紀半ばに登場する単式簿記においては日記帳が廃されるが，単式簿記だけではなくイタリア式簿記（複式簿記）においても，この簡便化への流れ以降では，日記帳が漸次使われなくなる。イタリア式簿記の帳簿組織体系は，［日記帳→仕訳帳→元帳］から［仕訳日記帳→元帳］を経て，やがて［仕訳帳→元帳］という今日の2帳簿制へとその姿を変えていくことになる。仕

---

23 Morrison [1808], pp.14-15.

訳帳の小書きは，日記帳の名残である。

　小規模な商店では，たとえ正確であっても複雑なシステムは，敬遠されがちである。そのため，できるだけ簡単でわかり易い記帳システムへの改良の意向が単式簿記として結実したのである。当時一般に行われていた複式簿記に代わって，18世紀にイギリスの小規模な小売商やアカデミーの教師を対象に出版されたのが単式簿記である。従来までの主要簿である日記帳と仕訳帳を一緒にした仕訳日記帳が新たに作成され，元帳には，債権と債務および残高勘定だけが設けられた。その他の一切の勘定は省略され，記帳にかかる負担を可能な限り軽減しようとして発案されたのが単式簿記なのである。

5-5　単式簿記の限界

略式簿記としての単式簿記

　複式簿記の略式として誕生した単式簿記は，損益計算にかわる交互計算のための単純な記帳法であり，今日一般に理解されているいわゆる現金収支簿記で代表される単なる現金管理のための記録とは，座標を異にしている。複式簿記における損益計算の特徴は，フローとストックの両面から行われるが，18世紀前半にイギリスで考案された単式簿記は，取引を二面的に捉え複記するという意味では複式であり，決してシングル・エントリー（単式）ではない。

　ここでいうシングル・エントリーが意味するところは，取引がもつフローとストックの二面からの記録ではなく，その単面のストックの側面からのみの，しかも債権と債務のみに限定した残高計算を行うところにある。

シングル・エントリーと呼ばれるため,借方か貸方のどちらか一方だけの記録システムと思われがちであるが,決してそうではない。複式簿記から派生した略式簿記としての単式簿記は,損益計算を目的とした記帳システムではなく,複式記帳によりながらも,小規模な小売商店主のために考案された略式簿記であり,その目的は,債権・債務の管理目的のための記帳システムである。

単式簿記は財産管理が目的ではない

したがって,この複式簿記の簡便法として登場する単式簿記は,中世イギリスで見られた荘園会計における財産管理のための記録システムやわが国で見られる単なる現金収支記録を単式簿記あるいは単記式簿記と見なす考え方とは,明確に分けて考えなければならない。[24]

簿記は,複式簿記として成立し,18世紀のイギリスで,その略式法ないしは簡便法として単式簿記が考案されたのが歴史的事実である。時代的には複式簿記が先行している。もし,単式簿記から複式簿記が揚棄されたのであれば,複式簿記の成立と共に,単式簿記は,消滅していてもおかしくないはずである。しかし,現実には,18・19世紀のイギリスでは,両者が並存し,それぞれの役割を使い分けていた。

福澤諭吉が『帳合之法』全4巻(1873, 1874)で複式簿記を本式,単式簿記を略式と呼んだのは,まさに卓見であったといえる。[25] 略式は,本式が先にあってこそ初めて略式となる。歴史の舞台に,略式が先に登場することはない。

---

24 小栗［2014］30-35頁。
25 高寺［1982］34-35頁。

複式簿記の成立前の簿記は何と呼ぶのか

　このように見てくると，複式簿記の簡便法として登場する略式の単式簿記は，一般的に言われる現金収支を記録した記帳法とは全く別の記録システムである。では，簿記，したがって複式簿記の成立前に単に現金の収支を記録した記録システムは，何と呼び，簿記との関係をどのように理解すれば良いのであろうか。

　わが国においてもしばしば奈良時代の遺跡から多くの木簡が発掘され，そこに当時の役人の給料や食料品の購入や家屋の修繕に要したさまざまな現金支出の記録がなされている。しかし，われわれは，このような単なる現金の収支記録を簿記とは呼んでいない。敢えて呼ぶとすれば，そのような記録は，簿記ではなく「現金収支記録」である。現金の収支記録は，極論すれば，たとえそれが石や貝殻であったとしても，貨幣の出現と共に誕生したと言っても過言ではない。そのような貨幣ないしは現金の収支記録は，決して，複式簿記でもなければ単式簿記でもない。

　われわれ会計史家の研究対象は，あくまでも簿記であり，この簿記の歴史は，リトルトンの言うように，複式簿記，すなわち損益計算（資本計算）の歴史である。決して単純な現金の収支記録の歴史ではない。その意味でも，すでに明らかになったように，単式簿記は，複式簿記誕生以前に存在した記帳システムではなく，後になって複式簿記から派生した記録システムなのである。

単式簿記では損益計算はできない

　単式簿記における元帳には，信用取引に伴う債権と債務のみが記帳されるだけであるから，どのような商品が売られたのか，帳簿上でどれだけの損益が出たのかを知ることは出来ない。もしどのような商品が売れ残っているのか，どの取引でどれだけの利益を獲得したのか，あるいは損失を

被ったのかを知りたいならば，期末資本の計算なしにはできない相談である。どれだけの利益を獲得したかを知りたければ，損益勘定で収益，費用の差額計算によって求めるか，期末の純資産と期首の純資産の差額計算によって求める以外に方法はない。[26] 単式簿記によって記帳した元帳の残高計算では，純資産の計算が出来ないために，当然のことながら，損益計算も出来ないのが道理である。

　それ故，ケリーは，厳密な損益計算を行う手段という観点からすれば，単式簿記は，不完全な簿記であると同時に，横領を未然に防ぎ，詐欺不正を発見するための十分な手段を備えておらず，これらの欠陥を補うのが複式簿記だと主張している。[27] しかし，ケリーに先立って，ジョーンズは，複式簿記もまた不正や誤謬を防ぐという点では，単式簿記と同様に多くの欠陥を持っていると主張した。しかし，単式簿記もジョーンズ式簿記もやがては泡沫のごとく消えていく運命であった（図表5-4を参照）。

単式簿記における損益計算

　19世紀を迎えると，ハットンの死後にイングラムによって出版されたトロッターによるハットン簿記書の新版では，ジョーンズ式簿記の影響を受けてか，ストックの側面から，単式簿記によりながらも次頁の［図表5-3］のような方法で，損益計算を行っている。そこでは，現金出納帳から現金残高を，仕訳日記帳から売残商品を，さらに元帳の残高勘定から債権と債務の差額を求めて，これら三者から純資産の総額を出し，それを期首の純資産額と比較して，ストックの側面から利益を計算している。たとえ小規模な商人にとっても，損益の把握が何にもまして重要であったというこ

26　Kelly [1801], pp.4-5.
27　Kelly [1801], p.5.

[図表5-3] ハットン簿記書のトロッター版(1840)における損益計算

現金の手許残高	£7	14	5¾
売残商品の価値	288	15	3
債権の総額	1424	15	8¼
最終の資産の総額	£1721	5	5
債務の総額を控除	511	10	0
獲得した純資産の総額	£1209	15	5
現在の資本の総額	£1209	15	5
事業開始時の資本金	1000	0	0
3か月間で得た純利益	£209	15	5
上記の純利益	£209	15	5
個人勘定の[支出]総額	29	19	4¼
小口現金出納帳の費用総額	16	13	1½
リース在住のジョージ・シムソンによる損失の総額	35	6	0
売上総利益[28]	£291	13	10¾

(Trotter [1840], new edition of Hutton, p.196.)

とであろうか。複式であるのか単式であるのかを問わず，簿記にとっては損益計算が命なのである。

　興味深いのは，こうして求めた純利益にいわば営業費や販売費一般管理費を加えて今日でいえば売上総利益に当たる利益を計算している点にある。あたかも今日の包括利益（当期純利益＋その他の包括利益）をリサイクリングして純利益を算出している手法を想起させる。現実に適応する方法をいち早く取り入れる商人たちの適応能力の素晴らしさをはっきりと知らされる事例の一つである。

28　原語は，Total Gross Gain upon the Sales となっており，内容的には売上総利益を指している。

5-6 単式簿記の進化とジョーンズ式簿記

実務に役立つ簿記への要求

　18世紀に入ると，当時のイギリスでは，伝統的な複式簿記に代わって，一方では，小規模な小売商を中心にヨリ簡単で分かりやすい単純な簿記をという要求が，もう一方では，海外貿易に従事している商人たちからヨリ詳しく実務に直接役に立つ簿記を，という相反する要求が徐々に大きくなってくる。

　当時のアカデミーの教科書を想定して出版されたイタリア式簿記の原理を簡明に解説した簿記書に対して，この「実務に役立つ簿記を」という流れは，やがて時代のうねりとなり，一方では，18世紀初めのデフォー『完全なイギリス商人』を先駆けとし，同世紀の後半のハットンに代表される複式簿記の簡便法としての単式簿記を生みだす。

　他方，実務に直接適用できる簿記への要求は，東インド会社のアメリカ貿易に従事した代理商たちからのヨリ詳細な記帳例示を解説した簿記書への要求を生み出してくる。18世紀末から19世紀初めにかけて登場するブースに代表される実用簿記あるいは改良簿記というタイトルが付された簿記書の登場である。[29]

　この二つの相矛盾する新しい実務への適応といううねりは，単式簿記の簡便さと実用簿記の詳細さをハイブリットさせようとする動きを同時に生み出してくる。ジョーンズ式簿記の登場である。思えば，時代が産み落とした仇花なのである。

　29　この点については，渡邉［1993］第6章以下を参照。

単式簿記を説いた多くの簿記書

　単式簿記を説いたイギリス簿記書としては，デフォーやハットンの他にも，J．シーリーの『会計係への手引き；教師の実用数学の補助者』(1773)，ベンジャミン・ドンの『会計係：複式簿記と単式簿記についての試論』(1775)，パトリック・ケリー (1756-1842) の『簿記の諸原理』(1801)，W．テイトの『商人のための会計入門』(1810)，ロバート・グッデイカーの『学校教材用簿記論』(1811)，ジェームズ・モリソンの『商人のための会計の全体系』(1808)，同じくジェームズ・モリソンの『単式と複式による簿記入門』(1813) 等があげられる。

ドンの説く簿記法

　ベンジャミン・ドン (1729-1798) は，1775 年にロンドンで著した『会計係：複式簿記と単式簿記についての試論』の序の冒頭で，「本書の目的は，他の方法よりもかなり複雑な複式簿記(ダブル・エントリー)の原理を説明することにある。しかし，私は，[それに先立って]複式簿記による記帳方法が理解できていなくて，しかも彼らの帳簿を複式簿記で記帳することができないほとんどの小売商人や小店主によって用いられている単式簿記(シングル・エントリー)による記帳実例をここで示すことにする。恐らくこれは，[これから]より完全な複式簿記を学ぼうとする若き会計人にとっては有益な入門書になるであろう。・・・すべての人は，取引にあたり，これから始める自らの資本の[総]額を[何よりも最初に]計算しておきなさい。すなわち，現金，商品，それに債権債務を計算しておきなさい。そうすることによって，彼は，商売を始めるに際して，実際の財産がどれだけあるかを知ることができる。この状態が帳簿に写し出されるのである[30]」と述べている。

30　Donn [1778], p.3.

小規模の小売商人が単式簿記によって取引を記録するにあたり，現金，商品，それに債権債務の計算が何にもまして重要であるというドンの考え方は，先に述べたデフォーを初めハットン等の説く単式簿記の説明と何ら異なるところはない。

ケリーの説く簿記法

　単式簿記に関して著述した簿記書は，19世紀に入ってさらに多く上梓されてくる。会計の簡単な歴史について書き留めた最初の簿記書であるパトリック・ケリー（1756-?）もまた，1801年に『簿記の諸原理』をロンドンで出版し，単式簿記について詳しく説明している。

　彼は，その序文で，本書は3部で構成され，最初に単式記入と複式記入の基本原理をわかり易く説明し，次いで学校で一般に教えている複式簿記という共通の理論によって詳しい練習を行い，最後に実際の商人の帳簿にもとづいた取引事例を会計事務所で一般に認められた記帳法によって説明したと述べている[31]。

　複式簿記が卸売商や貿易商で用いられるのに対して，「単式簿記は，主に小売業で用いられ，最も単純で簡明な簿記ではあるが完全なものではなく，いくつかの本質的なところで欠陥を持っている」[32]と述べ，さらに続けて，「単式簿記は，信用取引を記録するものであり，この目的のためには2冊の帳簿，仕訳日記帳と元帳が必要である。仕訳日記帳は，所有主の財産や借入金等の記帳から始まり，続いて発生した取引の詳細を記録し，取引が発生した順序に従って記帳する」[33]と説明している。

31　Kelly [1801], preface iii.
32　Kelly [1801], p.1.
33　Kelly [1801], pp.1-2.

簡易簿記と実用簿記の二つの潮流

　すでに述べたように，18世紀後半のイギリスで，新たな二つの動きが生じていた。一方では，複式簿記が複雑で分かりにくいため，もっと簡単で分かりやすい記録システムをという小規模の小売商や小店主，あるいはアカデミーの教師を対象にしたより簡単でわかり易い簿記法をという要求が生まれ，他方では，実際のアメリカとの海外貿易等に従事する貿易商や卸売商にとっては，当時のアカデミーの教科書で説明されている複式簿記の基本原理だけではとても役に立たず，もっと詳細で実際の取引に適応できる簿記法をという要求が生じてきた。前者が複式簿記の簡便法，すなわち単式簿記を生み出し，後者が実用簿記ないしは改良簿記を登場させることになる。ブースに代表される実用簿記とか改良簿記というタイトルが付けられた簿記書もまた，単式簿記に関する簿記書と同様，18世紀全般にわたって数多く出版されている。[34]

　この二つの流れを受けて，単式簿記と複式簿記の両者の持つ欠陥を改良した全く新しい簿記の提案と銘打って18世紀の後半に登場してきたのが，当時のヨーロッパ全土において一世を風靡したジョーンズによる『ジョーンズのイギリス式簿記』(1796) である。本書は，16版まで版を重ね，各国語にも訳出されている。如何に注目を浴びていたかが窺える。しかし，最終的には，複式簿記と基本的には変わらないと批判され，1世紀を待たずして，仇花と消えていく。この間の複式簿記改良の流れは，次頁の図表5-4のようになる。

　34　この点については，渡邉［1993］第Ⅱ部第6章以下を参照。

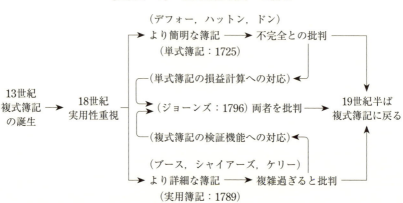

[図表 5-4] 複式簿記改良への流れ

ジョーンズのイギリス式簿記

　ジョーンズの簿記書は，本文29頁に記帳例示28頁（仕訳日記帳11頁，元帳17頁）と16頁の購入予約者の名簿の合計わずか73頁からなる小冊子である。当時の図書は，今日とは異なり，多くの場合予約販売が中心であった。ジョーンズは，自らの著作で提案する簿記法が難解で欠陥をもったイタリア式複式簿記に代わる簡明で誤謬のチェック機能に優れた新方式によるイギリス式簿記であると大々的な宣伝をなして，多くの予約を勝ち取ることに成功した。

　この宣伝が功を奏し，予約金が1ポンド1シリングという当時ではかなりの高額であったのにもかかわらず，予約者は，4,000名を超えたと言われている。予約金の総額は，5千万円を超える金額になる。われわれが

35　Yamey [1956], p.313.
36　この1ポンド1シリングという予約金は，現在の価値に換算するためには，60ない

やっとの思いで書き上げた会計の専門書と比較すると，まさに雲泥の差である。

本書は，16版まで版を重ね，アメリカ版（1797）を始めとして，ドイツ語訳（1800），フランス語訳（1803），イタリア語訳（1815），スペイン語訳（1815）と各国語にも訳出されて，当時大きな評判を呼んでいたことが窺える。財政的には大きな成功を収めたが，最終的には，複式簿記と基本的には変わらないと批判され，半世紀を待たずして，仇花と消えていくことになる。

ジョーンズの簿記法の特徴

ジョーンズのイギリス式簿記の特徴の一つは，伝統的なイタリア式の複式簿記で用いられていた日記帳，仕訳帳，元帳という3帳簿制を仕訳日記帳，元帳の2帳簿制にしたところにある。この点では，単式簿記と同じである。しかし，この仕訳日記帳を3欄（中央に摘要欄を配し，その左に借方，右に貸方という工夫をした）に改良したところに，新方式の特徴がある。[37]元帳でも中央に摘要欄を設け，左側に借方の4欄（1月-3月，4月-6月，7月-9月，10月-12月），右側に貸方の4欄を設けている。[38]このことによって，複式簿記の解りにくさを解消すると同時に，損益計算ができない単式簿記の欠陥も解消している。

し80倍する必要がある（ポーター著，目羅訳［1996］xviii-xix頁）。1ポンドを186.3円（2015/11/2現在）で換算すると，11,178円から14,904円になり，この倍率は，1990年の数値となっているため，現在の物価指数に換算（約1.056倍）して考えると，ざっと1万4千円から1万5千円程度の予約金であった思われる。出版の予約は，前年の1795年からなされている（Yamey [1944], p.407）。それだけ評判を呼んだ本なのであろう。予約金の総額は，現在の貨幣価値に換算すると約5千万円から6千万円にもなる。

37 Jones [1796], Day-Book.
38 Jones [1796], Ledger.

それと同時に，複式簿記，単式簿記の両者とも記帳ミスの発見や不正を見つけ出すことは困難であるが，自らが提唱するイギリス式簿記では，それを防止することが可能なところに最大の長所があると主張している。その上で，旧式（単純な単式簿記と複雑な複式簿記）と新式（自らが考案したジョーンズのイギリス式簿記）を対比して，自らのイギリス式簿記がいかに優れているかを強調している。[39]

複式簿記と単式簿記の役割分担
　800年もの永きにわたり，会計の計算構造を支えてきた複式簿記は，企業損益の計算手段として生成し，後にその簡便法として18世紀のイギリスで当時の小規模の小売商やアカデミーの教師たちのために分かり易くて簡単な単式簿記を誕生させる。両者は，その記帳対象を異にしながら，それぞれの存在意義を果たしてきた。
　しかし，最終的には，損益計算ができないという最大の欠陥を抱えていた単式簿記は，19世紀になって所得税法が施行されると，一部には損益計算を可能にさせる工夫もなされたが，徐々にその存在意義を失っていった。ただ，誕生以来500年以上も延々と続いてきた日記帳→仕訳帳→元帳という3帳簿制を今日の仕訳帳→日記帳の2帳簿制に変換させたのは，単式簿記であったといえる。
　複式簿記の略式として誕生した単式簿記は，損益計算にかわる交互計算のための単純な記帳法ではあるが，今日一般に理解されている現金収支簿記で代表される単なる現金管理のための単記式記帳法とは，座標を異にしている。複式簿記における損益計算の特徴は，取引をフローとストックの両面から捉え，借方と貸方に分類して記録されるが，イギリスで考案され

---
39 Jones [1796], pp.14-16.

た単式簿記も，取引を二面的に捉え，複記するという意味では，決してシングル・エントリー（単式）ではない。

ここでいうシングル・エントリーが意味するところは，取引がもつフロートとストックの二面からの記録ではなく，その単面のストックの側面からのみの，しかも債権と債務のみに限定した残高計算が行われたところに求められるのであろうか。シングル・エントリーと呼ばれたために，借方か貸方のどちらか一方だけの記録システムと思われがちであるが，決してそうではない。ここで用いられたシングルは，まさにシンプルを意味していたといえる。複式簿記から誕生した略式簿記としての単式簿記は，損益計算や財産管理を目的とした記帳システムではなく，複式記帳によりながらも，小規模な小売商店主のために考案された債権・債務の管理目的のための，すなわち信用取引を記録するための記帳システムなのである。

一般的な理解のように，単式簿記から複式簿記へと進化したのではなく，複式簿記から単式簿記が考案されたというのが，まぎれもない歴史的事実なのである。

第6章

会計の第1義的な役割

受託責任かそれとも情報提供か

- 6-1　通説による会計の役割とその問題点

- 6-2　受託責任思考の原点

- 6-3　国際会計基準とリトルトンのスチュワードシップの違い

- 6-4　受託責任も説明責任のための情報提供

- 6-5　情報の信頼性と有用性

- 6-6　会計の役割は損益計算

6-1 通説による会計の役割とその問題点

会計の役割の変遷

　会計の役割には，従来，管理計算機能すなわち財産保全機能（管理中心主義）と価値計算機能すなわち損益計算機能（決算中心主義）の二つがあると言われてきた。しかし，1960年代以降になると，利害調整機能と情報提供機能の二つが挙げられてくる。とりわけ，1980年代後半から登場する意思決定有用性アプローチの下では，ともすれば提供する情報の信憑性が二の次になり，役に立てばそれで良い，有用でありさえすればそれがすべてに優先するといった風潮が支配的になる状況を生み出してきた。

　このような行き過ぎた有用性への見直しからか，近年IFRSやIASBあるいはAAAの一部の研究者やFASCを中心に，情報提供機能と並んで，資本主への受託責任（会計責任）を果たす役割の重要性が再認識されてくる。明確に説明責任が果たせる情報こそが真に有用な情報になるという考えである。会計の役割は，単なる意思決定に有用な情報を提供することだけではなく，経営者が株主に受託責任を果たすことのできる説明責任にあり，この役割を忘れては，会計は，存立しないというのである。

昨今のIFRS, FASB, AAAの動向

　受託責任の取り扱いに関しては，国際財務報告計基準（IFRS）の2006年以前と以降において，またアメリカ財務会計基準審議会（FASB）とアメリカ会計学会（AAA）のもとに設置されているアメリカ財務会計基準委

1　岩田［1955］8-9頁。

員会 (FASC) の昨今の動向や2010年以降のIFRSによって新たに公表された概念的フレームワークでの基本的な考え方の間に，微妙な差異が生じてきている[2]。

こうした国際状況のもとで，わが国においても，会計の役割が実際に資本を運用する経営者（受託者）の株主（委託者）に対する受託責任（会計責任）の遂行にあるのか，それとも将来株主を含めた株主に意思決定に有用な情報を提供することにあるのかが議論されている。すなわち，会計の役割として，受託責任機能と情報提供機能の二つが互いの立場から主張し合っているように見受けられる。

会計機能の分類

しかし，結論的には，私は，受託責任機能も情報提供機能のいずれも，資本の受託者（代理人 or 経営者）が資本の委託者（資本主 or 株主）に受託責任を果たすために有用な情報を提供するという点では，両者に何らの違いはないと考えている。機能的には，同一の範疇に属するものである。

受託責任機能とは，経営者が株主に対して自己の経営責任を果たすために，これまでの結果に関して説明責任を果たすことであり，情報提供機能とは，経営者が株主の投資意思決定に有用な情報を提供することである。いずれも情報提供という点では，両者の間に本質的な違いはない。敢えて相違を指摘すれば，受託責任という場合は過去情報を指し，情報提供という場合は未来情報を指しているということが出来るのかも知れない。しかし，受託責任の履行も有用な情報提供も異なった二つの役割ではなく，両

---

2 岩崎 [2015] 69, 71頁。AAAは，2004年7月にFASBの財務報告の概念フレームワークで提唱された有用性一辺倒の考え方に批判的な分析を公表し，さらに2010年9月にはIASBの概念フレームワークに対してもその問題点を指摘し，新たなモデルを提案しているという（岩崎 [2015] 67頁）。

者とも同じ情報提供機能の中に包括され，提供する情報に対する重点の置き方，ないしは情報の質の相違によって区別されるだけである。情報提供という観点からは，いずれも同じ範疇に区分される。両者の違いは，単に提供する情報の目的，あるいは力点の相違にあるに過ぎない。

　提供する情報の信頼性を第一とするか，それとも株主への有用性を第一とするかによって，情報提供機能が二つに分けられるだけのことである。決して，受託責任機能は，情報提供機能と対峙する役割を担ったものと位置づけるのは，理に適っているとは言えない。したがって，会計の役割は，厳密に捉えるならば，損益計算機能と情報提供機能の二つに分類され，その上で，後者がさらに受託責任を果たすための信頼性を基軸にした情報提供機能と有用性を基軸に据えた情報提供機能の二つに分類するのが妥当である（図表6-1を参照）。会計の根源的な役割は，あくまでも損益計算にある。

情報提供機能は2次的
　今日の会計の歴史研究は，その利益計算構造を支えている複式簿記の誕生をもって出発点となしている。人智が生んだ最高傑作の一つである複式簿記は，13世紀初頭に発生し，ほぼ100年の時を経て，利益計算の技法として完成した。すなわち，血族を否定し第三者間で期間を定めて結成されたフィレンツェの組合（期間組合）の出現が，単なる債権債務の備忘録であった複式簿記を利益分配の必要性によって損益計算のための記録システムへと昇華させていく。

　実地棚卸にもとづくビランチオで利益を求め，その利益の正確性を検証するために，継続記録にもとづく集合損益勘定で証明することによって成立したのが複式簿記である。したがって，会計の本来的な第1義的機能は，継続記録にもとづく損益計算であり，情報提供機能は，そこで算出された

[図表 6-1] 会計の役割の分類

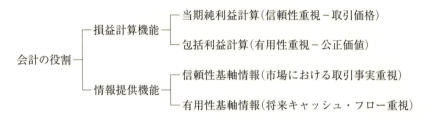

利益情報を利害関係者に提供するところにある。

　したがって、この情報提供というのは、あくまでも損益計算に伴う二次的な役割といえる。そこで提供される情報としての利益をどのような利益と見なすべきかによって、その役割が大きく異なってくる。情報提供機能は、株主に対して受託責任の果たせる情報を提供するのかそれとも投資意思決定に有用な情報を提供するのかによって、信頼性基軸情報提供機能と有用性基軸情報提供機能の二つに分類することができる（図表6-1）。

　本章では、これらの点を踏まえ、近年とみに主張される受託責任機能と情報提供機能との関連を詳らかにし、会計の本来の役割について再検討することにしたい。

6-2　受託責任思考の原点

受託責任と借方・貸方の意味

　現存する最古の勘定記録は、1211年のボローニアの定期市でフィレンツェの一銀行家がその貸付先との取引を記録した勘定記録であるのは、良

第6章　会計の第1義的な役割：受託責任かそれとも情報提供か　143

く知られているところである。貸付をした銀行,すなわち取引の主体が貸主（貸方）であり,お金を借りた客体が借主（借方）になる。リトルトンは,この借方（de dare = must give = debitor）と貸方（de avere = must have = creditor）の考え方を資本の委託者（所有主）と受託者（代理人）の関係に置き換え,この代理人と所有主の単なる受託責任関係がやがて資本を媒体にして複式簿記に発展していくと考えた。[3]

この複式簿記の生成に関するリトルトンの考えは,すでに第5章第1節で述べたので繰り返しになるが,「完全な簿記が成立するがためには,均衡性と二重性以外にさらに別の要素が加わらなければならない。この追加さるべき要素とは,いうまでもなく,資本主関係（Proporietorship）—すなわち,所属財貨に対する直接的所有権と発生した収益に対する直接的要求権—である。この要素を欠くときは,勘定記入（帳簿記入）は,たんに相互に対応する記入の内容を要約してこれを適切な形式にまとめるということにすぎなくなる[4]」というのである。「このような利潤計算こそが完全な体系的な簿記の職分であったのである。人はそれを複式簿記と呼[5]」んだと述べている。

問題は,片野訳では,リトルトンのプロパライアターシップを資本主関係と訳出したことにある。すなわち,この資本主関係という訳語が複式簿記の生成要因としてではなく,会計の役割としての受託責任関係を主張する根拠になったところに今日の混乱の出発点があるのではなかろうか。リトルトンが言うプロパライアターシップは,複式簿記の生成要因として資本を利益計算の根幹としてあげたのであって,受託責任そのものを複式簿

　3　Littleton [1966], p.13. 片野訳 [1978] 45, 70-71 頁。
　4　Littleton [1966], p.26. 片野訳 [1978] 45 頁。
　5　Littleton [1966], p.27. 片野訳 [1978] 45 頁。

記の生成としたわけではない。資本主関係という用語から連想されるのは，出資主（資本拠出者＝株主＝委託者）と経営者（資本運用者＝代理人＝受託者）の関係であり，最終的には経営者が資本主に会計責任を果たす必要性なのである。もちろん，受託責任あるいは説明責任を果たすことは，会計成立の原点である信頼性を考慮する時，極めて重要な要素であることに変わりはない。

しかし，会計にとって受託責任が重要であることと複式簿記の生成要因が受託責任にあるというのは，別の次元の話である。会計の利益計算を支える計算構造としての複式簿記の第1義的な役割は，何よりも損益計算にある。聖書の言葉ではないが，「初めに損益計算ありき」である。確定した利益を株主に提供する情報提供機能は，2次的な役割と言える。提供された利益が信頼できる利益であるのか否か，あるいは有用であるのか否かは，損益計算の後から生じてくる問題なのである。

プロパライアターシップの意味

リトルトンは，先の説明のすぐ後で，プロパライアターシップを「所属財貨に対する直接的所有権と発生した収益に対する直接的要求権である[6]」と説明している。すなわち，彼の主張するプロパライアターシップは，所属財貨に対する所有権，資本の所有関係である。換言すれば，資本の提供者が持つ利益の所有権，すなわち利益に対する直接的な請求権を指している。

それにもかかわらず，プロパライアターシップを資本主関係と訳出したため，後年，訳語によって生じる混乱から，資本主と代理人との関係，すなわち代理人の資本主への説明責任の重要性がクローズアップされ，ス

---

6 Littleton [1966], p.13. 片野訳 [1978] 45頁．

チュワードシップ（受託責任）の必要性と相まって，複式簿記の生成要因と関係づけて，会計の基本的な役割である受託責任の重要性が強調されるに至ったものと思われる。

　会計報告書に対して説明責任を持つこと，すなわち受託責任を果たすことが重要であるのは，言うまでもないことである。しかし，複式簿記を誕生させた生成要因にこの受託責任を持ってくるのは，いささか論理の飛躍というか混同があるように思われる。

リトルトンの言う受託責任

　近年しばしば国際財務報告基準（IFRS）やAAAの財務会計基準委員会（FASC）によって主張される受託責任会計という考えは，リトルトンが複式簿記の生成過程の分析にあたり，複式簿記生成の前段階である12世紀初めのイギリスに登場する荘園会計（あるいは倉庫会計）におけるチャージ（責任の受託）とディスチャージ（責任の履行）の関係，すなわち受託者としての財産管理人と委託者としての荘園領主の間に生じる財産の管理・運用に対する説明責任に由来した考え方である。今日のように，受託者（経営者）が委託者（株主）に対して，複式簿記による損益計算の結果についての会計責任を果たすために行う報告行為とは異なる。

　リトルトンは，このチャージ，ディスチャージの考えを経営受託制度（managerial stewardship）として捉え，複式簿記（proprietary bookkeeping）に先立つ代理人簿記（agency bookkeeping）の段階で生じてくる考え方であると説明している。[7] この代理人簿記に資本という考え方が導入された時に，単なる債権債務の備忘録が資本の増減計算を基軸にした複式簿記へと発展していくと考えたのがリトルトンである。今日の受託責任会計思考の原点

7　Littleton [1967], p.79-82. 大塚訳 [1966] 115-120頁．

がここにある。

イギリスの荘園会計は複式簿記の起源ではない

　イギリスにおける最古の勘定記録は，1130年頃に今日の財務省にあたるエクスチェッカー（王室会計局）が領主に支払うべき地代や租税等を記載した一種の帳簿であると言われている[8]。また時として，イギリスにおける荘園会計で用いられた「チャージ・ディスチャージ報告書」が複式簿記の萌芽的形態であると見なされることもある。

　しかし，これはあくまでも荘園領主に対してその管財人が自らの説明責任を果たすために，責任の受託(チャージ)と責任の履行(ディスチャージ)を説明した報告書に過ぎない。決して，複式簿記にもとづく会計記録ではない。なぜなら，すでに述べたように，複式簿記は，資本勘定を頂点にした勘定間の閉ざされた体系的組織が形成されて初めて成立する損益計算のための計算技法であるからである。たとえ二面的に捉えたとしても，単なる財産の管理記録と複式簿記は異なる。

　チャットフィールドも述べているように，このチャージ・ディスチャージ報告書は，「15世紀のスコットランドにおいて政府の会計官が不動産会計で使用し展開され，それをイギリスの荘園 steward が採用した［もの］のであり，管財人が広く用いるようになったのはそれから300年も後のことである。charge and discharge statement は，責任の受託と履行に関する代理人の報告書である」[9]。

　責任の受託とその履行といった二つの側面から記載された報告書という単純な理由から，これに複式簿記の原初形態と見なす解釈も一部には見ら

---

　8 Chatfield [1974], p.21. 津田, 加藤訳［1978］25頁。
　9 Chatfield [1974], p.25. 津田, 加藤訳［1978］31頁。

れるが，そのような考えは，誤りと言わざるを得ない。「我々は中世の簿記に事実以上のものを求めすぎているのかもしれない。会計の継続性，比較可能性の如き現代の条理は，[当時のチャージ，ディスチャージ報告書のなかには]ほとんど存在していなかった[10]」ということができる。

受託責任，スチュワードシップとアカウンタビリティ

リトルトンは，スチュワードシップを経営受託制度として捉えた。それを受けて，IASCやIASBの概念フレームワークで述べられているスチュワードシップという概念は，取得原価を擁護する立場の人たちからは，受託した資本を管理し保全する責任を有する概念として捉えられている。しかし，公正価値を擁護する立場に立つ論者からは，単に受託した資本を管理し保全する責任を有するだけに止まらず，受託資本を効率的に活用する運用責任をも有した概念として捉えられている[11]。

このように見てくると，資本の受託者（経営者）が委託者（株主）に対して会計責任を有しているのは自明であるとしても，そこでの受託責任が実質的には，単なる財産の管理保全責任なのか，それともその管理運用にまで及ぶ責任なのか，二通りの解釈がなされている。その結果，いくつかの混乱が生じているのである。

会計上の責任の分類

この混乱を避けるためには，まず初めに，受託責任なる用語を概念的に明確にしておくことが重要になると考え，私は，会計上の説明責任を

---

10 Chatfield [1974], p.28. 津田，加藤訳 [1978] 34頁。
11 この点に関して，徳賀芳弘氏からメールで貴重な指摘を受けた。記して謝意を表する。

[図表 6-2]　会計上の責任の分類

会計上の説明責任 ─┬─ 会計責任(アカウンタビリティ)：受託資本の管理保全に対する説明責任：取得原価
　　　　　　　　　└─ 受託責任(スチュワードシップ)：受託資本の管理運用に対する説明責任：公正価値

会計責任(アカウンタビリティ)と受託責任(スチュワードシップ)に分けてみた（図表6-2）。

　ここにおける会計責任は，図表6-1で示したように，情報提供機能のうちの信頼性を基軸に据えた情報提供（市場における取引事実を重視した情報）に伴う説明責任であり，それに対して，受託責任は，有用性を基軸に据えた情報提供（将来キャッシュ・フローを重視した情報）を遂行するための説明責任である。有用性は，時として信頼性と相入れないことも生じてくる。そのため，受託責任と会計責任もまた，その役割を異にすることがある。

説明責任と会計責任

　一般に，アカウンタビリティは，説明責任と邦訳されている。この時の説明責任とは，必ずしも会計上の説明責任を指すだけではなく，ある特定の行為に対して何故このような行動を取ったか，何故このような決断をしたのかについて，行為者が社会やそれによって影響を受ける特定の個人に対して責任ある説明を果たすことである。必ずしも会計上の責任を果たすための説明行為だけではない。したがって，同じくアカウンタビリティと呼んだとしても，一般的に用いられる説明責任とその中でも特に会計上の説明責任（これを会計責任と呼ぶ）という時は，両者を区分して考える必要がある。それ故，われわれが説明責任という概念を使用するにあたっては，特に会計上の説明責任を果たす時は，一般的に用いられる説明責任と区別して，会計責任と呼ぶのが好ましいと思われる。

会計を誕生させたそもそもの原点が信頼性にあることを考えると，会計上の説明責任を果たすための情報の提供，責任の持てる信頼されうる情報こそが意思決定にとっても真に有用な情報になるはずである。近年のIASBやFASBの提唱する猫の目のように変わる概念フレームワークに惑わされることなく，しっかりと会計の本来的な機能，すなわち信頼性を基軸に据えた情報提供機能を重視することが重要である。

受託責任と説明責任の相違

　受託責任と説明責任に関して，岩崎勇は，「『受託責任』（stewardship）という場合には，主に英国等を中心として受託した（chargeされた）財に対して，管理者（経営者）としての忠実義務と善管注意義務をどのように果たしたのかの顚末を，財務諸表を作成・表示（必要により監査を受けて）することにより果たす（discharge）もののことであり，その視点は本来あくまでも財務諸表の作成者の側にある。他方，これに類似する概念として，『会計責任ないしは説明責任』（accountability）という用語があるが，これは主に米国等を中心として使われるもので，受託責任とほぼ同様の意味に使われているが，忠実義務と善管注意義務の観念が，受託責任と比較して，それほど強くないこともある[12]」と両者の相違を述べている。ただしここでは，会計責任と説明責任は，ほぼ同義に用いられている。

　しかし，受託責任の視点が財務諸表の作成者側にあり，説明責任の視点が必ずしもそうではないかとも受け取れる氏の解釈の根拠がどこにあるのかに関しては，いささか疑問が残る。ここで論じられている受託責任の視点が作成者側にあるのであれば，説明責任を果たすための会計責任もまた作成者側に在ることになる。いずれも，委託者に対する受託者への説明責

12　岩崎［2015］83頁。

任という点では，両者に本質的な相違はないのではなかろうか。

6-3 国際会計基準とリトルトンのスチュワードシップの違い

スチュワードシップ概念

　スチュワードシップという概念は，先に述べたように，リトルトンが複式簿記の生成に先立つ代理人会計の説明の際に用いた概念である。12, 3世紀イギリスの荘園会計において，荘園の領主が財産管理人(スチュワード)に対して，自己のすべての領地の財産保全と管理・運用に関するすべてを委託したそのあり様を示した概念，すなわち財産管理人の職を指している。

　したがって，スチュワードシップというのは，本来，受託したすべての財産ないしは資本の単なる管理保全を示す言葉ではなく，それに加えて管理・運用にまで及ぶ広い意味を含んだ概念である。イギリスにおける中世の国王や領主，貴族の仕事は主に戦であり，一般的に言って，自らが自己の財産や資産を管理・運用することはない。そのため，財産や資金を増殖させるのは，管財人や執事の役割であった。したがって，彼らは必要に応じて国王や領主に自らの説明責任を果たすために，報告書を作成したのである。

IFRS や FASB の考える受託責任

　国際会計基準委員会（IASC）ないしは国際会計基準審議会（IASB）やアメリカ財務会計基準審議会（FASB）は，このスチュワードシップを，先の用法に習い，単なる受託した財産の管理保全だけに止まらずその運用についても責任を持つという意味で捉えている。運用と言うことになれば，

必然的に，単なる過去情報だけではなく未来情報も必要になる。将来の予測計算を含む説明責任という点において，委託された財産の管理保全を第1とする伝統的なアカウンタビリティとは異なるところである。

近年の有用性を重視するIFRSやFASBの立場では，同じく会計が果たすべき責任という場合においても，伝統的な財産の保全管理に責任を負うというだけに止まらず，さらにその運用にも積極的に関与することによって責任を果たしていこうというのである。このような考え方を背景に国際的な概念フレームワークが設定されている。

概念フレームワークの役割

国際財務報告基準（IFRS）が細則主義ではなく原則主義の立場を採っているのは，良く知られているところである。原則主義というのは，大ざっぱなことだけ決めておいて，後の細かなことはそれぞれが勝手にやっていいということでは決してない。原則主義であるからこそ各国の個別の会計基準の指針となり，それと整合性を持った基本的な考え方の基礎となる概念フレームワークが必要になるのである。

本来，概念フレームワークは，いわば従来の会計原則のように各国の会計実務の指針となるべき，ある意味で特段の事情がない限り，むやみに変更されてはならない統一性を持った規範的な基準として位置づけられるべきものでなければならないはずである。しかし，現実は，この規範たるべき概念フレームワークが，その時々の状況の変化によって年毎に討議資料とか公開草案という名目で公表され，必ずしもそこに統一的な方向性を見出すことが出来なくなっているのが現状である。

有用性が至上原理なのか

なぜなら，今日の有用性アプローチのもとでは，いわば，意思決定に有

用であることがすべてに優先し，自分たちの利益に反する原則であるなら，その原則すら容易に変更する傾向が強く働いているように思われるからである。その結果，有用性に合わなくなった概念フレームワークは不要になり，時としては有害にすらなり，利害関係者のニーズに応じて朝令暮改的に改廃する傾向が強く見られる。

そのため，概念フレームワークが各国の会計基準設定の指針としての役割を果たすことが困難になり，その時々の有用性に影響を受けて，指針としての本来的な意義を失ってしまったかのようにすら見受けられる。このような概念フレームワークならば，不要なのではなかろうか。むしろ，概念フレームワークを有用性に挿げ替えれば良いのではないかとさえ思えてならない。

プロパライアターシップとスチュワードシップ

片野一郎は，リトルトンの『1900年までの会計進化論』の翻訳にあたり「資本主概念 Proprietorship は複式簿記の発展上決定的な重要性を持つところの要素であった」[13]と訳出したのは，既に述べた通りである。複式簿記の生成にとって最も根幹になるプロパライアターシップなる概念を「資本主概念」と訳出したのである。その結果，今日 IFRS の公開草案等で論議される受託責任なる概念は，リトルトンにおける「資本主概念」（プロパライアターシップ）やこの概念の基盤になったスチュワードシップとの関連で，会計が提供する情報に対する説明責任，すなわち新たな意味での受託責任が再び注目されるに至っている。

リトルトンのいうスチュワードシップは，複式簿記が完成する以前，すなわち取引の継続記録によって損益計算が可能になる以前の，彼の言う代

---

13 Littleton [1966], p.165. 片野訳［1995］255 頁。

理人簿記の段階で，荘園管理を委託された財産管理人が委託者の領主に報告書を作成して，説明責任のために作成した報告書によって果たす受託責任としての職域を指している。そのため，このスチュワードシップという考えは，単に受託した財産の管理保全だけではなくその管理運用にも踏み込んだアカウンタビリティよりも広い考え方であるといえる。

　重要なことは，本来，会計の利益計算構造を支える複式簿記を完成させたのは，実地棚卸によって作成したビランチオの利益を継続的な記録によって作成した損益勘定で証明する行為にあったことを忘れてはならない点である。実地棚卸による利益だけでは信頼性に欠けるため，客観的な事実にもとづく取引記録によってビランチオの利益を検証しようとして完成したのが複式簿記であり，資本提供者に経営の受託者が説明責任を果たすために，したがって信頼性を確保するために行われた行為が会計責任なのである。会計の原点は，この信頼性にある。

プロパライアターシップ概念の本質

　それに対して，リトルトンが複式簿記を完成させた最も重要な要因として位置づけたプロパライアターシップというのは，本来，資本の所有権，あるいは組合企業を意味しているのは，繰り返し述べてきた通りである。資本の所有が個人ないしは組合によってなされ，その所有された資本の増減を計算し，企業の損益を計算するシステムとして複式簿記が誕生したということを主張するために用いられた概念である。単なる日々の取引における債権債務の備忘録（代理人簿記）が企業の総括損益を計算するシステム，すなわち複式簿記（資本主簿記）に進化していくことを明確にするために用いられた概念なのである。

　したがって，彼の主張する複式簿記の誕生にとって最も重要なプロパライアターシップなる概念は，受託責任を強調するために用いられた概念で

はなく資本の所有権にもとづく損益計算の重要性を説くために用いられた概念なのである。

　このプロパライアターシップの前段階で登場するのがスチュワードシップである。したがって、スチュワードシップは、複式簿記の成立前の概念であり、これを会計の基本的な役割に位置づけるのには無理がある。リトルトンは、資本受託者が委託者に対して説明責任を果たすために誕生した代理人簿記が損益計算を行う技法としての複式簿記へと進化していく最も重要な要因としてプロパライアターシップ、すなわち企業の所有主、したがって資本の所有権ないしは所有関係をあげている。決して、プロパライアターシップは、受託責任（説明責任）を意味している概念ではないことに留意しなければならない。その点では、ドゥ・ルーヴァが複式簿記の三つの生成要因の基軸に損益計算を誕生させた組合を位置づけているのと本質的に異なるところはない。

6-4　受託責任も説明責任のための情報提供

情報の質の違い

　一般に言われている受託責任会計というのは、経営の受託者が代理人（株主）から委託された資産や資金の保全や運用に対して説明責任を負うという意味において、すなわち委託された財産管理と資金運用の結果に対して委託者に自らの受託責任を果たすための情報提供を意味している。本来は、結果に対する会計責任であるが、説明責任を果たすための情報の提供という意味では、いわゆる今日の情報会計と同じ役割を果たすことを目的とした会計である。受託責任会計も情報会計とその機能において、異なっ

た範疇に分類される概念ではない。

　しかし，受託責任という考え方は，本来，今日の意思決定有用性アプローチのもとで見られる情報の利用者が要求する有用性を最優先するのではなく，明確な説明責任を伴う信頼性を基軸に据えた情報のみを提供するのが基本である。その点では，たとえ予測が入った不確実な情報であったとしても，要求される情報であるなら，是非もなく提供していく意思決定有用性アプローチのもとでの情報提供と信頼性を重視した情報提供では，両者の間に，情報の質というか中身において，大きな違いがある。信頼性を基軸にすれば，客観的で誰によっても検証可能な事実情報ということになる。それに対して，有用性を重視すれば，いくらか不確実であってもこれからどうなるのかという予測を含んだ未来情報の方が単なる過去情報よりも有効になる。

過去会計と未来会計

　受託責任会計は，提供する情報に説明責任を持つという点では，有用性を第一とする情報会計とはその提供する情報の質を異にしているのは，先述の通りである。その分岐点になるのが取引事実にもとづく過去ないしは現在情報であるのか，予測による期待値をも含んだ不確実な未来情報であるのかというところにある。

　管理会計が未来会計といわれていたのに対して，財務会計は，過去会計といわれてきた。その過去会計としての財務会計に未来の予測が入り始めたのが，1960年代に入ってから以降のことである。資産の本質をそれまでの一般的な解釈である「企業が有する有形無形の財貨権利」から，例えばパットンなどの主張した将来の事象に対して変容する「サービス・ポテンシャルズ」（用益潜在能力）とか近年とみに定着してきたIFRSのいう「発生の可能性の高い将来の経済的便益」と概念づけ，その将来キャッシュ・

イン・フローをもって資産の貸借対照表価額とした頃からである。その結果，過去会計としての財務会計の枠組みの中に未来の予測計算が漸次組み込まれ，提供する情報の信頼性にも軋みが生じ始めた。なぜなら，予測はあくまでも予測であって，いつも現実になるわけではないからである。

信頼性の再確認

　事実にもとづき何時でも，何処でも，誰もが検証可能で正確な信頼できるはずであった事実情報に未来の予測情報が導入され始めた。会計情報は，意思決定に有用でなければ意味がないという大義の下で。果たして，未来情報を提供することが会計の本来的な役割なのであろうか。大きな疑問が残る。それは，予測による未来計算がファイナンスの世界であって，決して財務会計の学問領域ではないからである。

　このような状況下で，2007年頃からAAAのもとでFASCは，単に有用性のみではなく情報における受託責任も重視し，財務報告の質的特性として，この受託責任が有用であるとの見解を示し始めた。[15]

IASBとFASCの違い

　2007年のサブプライムに端を発し，2008年のリーマン・ショックを切っ掛けにして，FASCは，2006年の予備的見解で削除された受託責任を復活させている。[16]冷静に考えると，提供する情報に対して，受託責任を持つというのは当然のことであり，決してそれは，情報会計と対立する概念ではないはずである。利害関係者に信頼できる有用な情報を提供するという点では，受託責任会計も情報会計も異なるところはない。両者は，同一範疇

14　Vatter [1947], p.17.
15　岩崎 [2015] 71-73頁.
16　AAA [2007], p.231.

に含まれる概念である。

しかしながら，今日の意思決定有用性アプローチのもとでは，株主への有用な情報提供機能が過度に強調されてくると，要求される情報であるなら，たとえ信頼の置けない不確実な情報であっても，それを提供しようとする傾向が生じてくる。こうして，この有用性が独り歩きを始めると，投機家のニーズに応えるためという大義の下で，過去の実績ではなく，不確実な予測情報であったとしても「これからどうなるのか」という未来情報を提供しようとする傾向が顕著になってくる。このような株主とりわけ投機家のニーズに応えて提供する情報の中身を変容させていったのが，誤解を恐れずにいうならば，意思決定有用性アプローチなのである。

2010年に発表されたIASBとFASBの共同作業によるファイナルペーパーでは，信頼性は，その表現を「忠実な表現」に変えながらも，まだその実質的な姿をとどめていた。しかし，FASBは，2015年のIASBの公開草案には共同歩調を見送り，有用性の足かせになると判断してか，忠実な表現（信頼性）の復活には慎重な姿勢を示したといえる。

予測を現実に合わせる虚偽報告

その結果，予測が外れた時，予測を現実に修正するのではなく，現実を予測に合わせるという，あってはならない方向に動き出す。虚偽報告（粉飾）である。行き過ぎた有用性アプローチの弊害である。重要なことは，目先の有用性に惑わされず，会計誕生の原点である信頼される正確な損益計算に立ち戻ることが重要である。正確な利益情報を提供して初めて，その情報が有用になる。情報の有用性が担保されるのである。予測による当て物の情報が有用になるはずがない。

あらゆるデータを尽くし，如何に厳密かつ緻密に計算したとしても，予測は所詮予測である。現実は，決していつも予測通りに歩いていってくれ

るわけではない。想定外の事態が生じるのが現実である。その意味で，リトルトン流に言えば，複式簿記生成の前段階である経営受託制度における説明責任を思い起こし，信頼できる情報の提供に再度重点を置くことが今日の会計の極めて重要な課題になるのではなかろうか。

6-5 情報の信頼性と有用性

説明責任の果たせる情報提供

　会計の利益計算構造を支える複式簿記は，元来，組合の出現によって組合員相互間での利益分配の必要性から，実地棚卸によるビランチオの利益を継続的な記録，すなわち複式簿記にもとづく集合損益勘定の利益で検証することによって完成した。日々の帳簿への継続記録は，現実に市場で取引される実際の価格にもとづいて行われる。したがって，現実の取引にもとづく正確な記録であるという点において事実性ないしは客観性が担保され，実際の取引として帳簿に記録することにより検証可能性ないしは透明性が確保される。この両者に支えられた信頼性にもとづく損益計算こそが会計の根幹であると同時に最大の役割なのである。

　その意味で，会計は，提供する利益情報に対して会計責任を負い，経営執行人は，資本提供者に受託責任を負っているということになる。経営者は，単に要求される情報を株主に提供するという情報の有用性を志向するだけではなく，提供する情報に対して受託責任を果たすためにも，会計責任の持てる事実にもとづく正確で信頼できる情報を提供することが大前提になる。すなわち，情報の信頼性である。提供する情報に操作や非対称性があってはならないのはいうまでもない。

経済学（価値計算）と会計学（価格計算）の違い

　1960年代頃より徐々に有用な情報提供機能が強調され，会計の役割が大きく変容してくる。しかも，今日の意思決定有用性アプローチのもとでは，情報の中身が価格計算（会計学）から価値計算（経済学）へ，あるいは事実計算から期待計算へと変容させる状況を生み出すに至った。この点について，われわれは「会計は富の質的面を重視するものではない。・・・より正確にいうならば，会計の対象は価値（すなわち富の質的側面）というよりは価格（すなわち富の数量的側面）であるということができる」[17]というリトルトンの言葉を思い起こすことが大切である。

　投資意思決定にとって有用な情報とは，過去にいくらで購入したかではなく，今手放すといくらで売却できるか，すなわち資産の現在価値，極論すれば清算価値について教えてくれる情報なのである。投機家の関心は，現在所有している資産の取得原価ではなく，今現在の時価すなわち公正価値にある。提供する情報の中身である企業利益が市場において実際に取引される価格で評価されるのか，その資産がもたらす将来の経済的便益の価値によって評価されるのかの違いである。前者は会計学上の価格であり，後者は経済学上の価値である。

　重要なことは，会計学と経済学（ファイナンス）の違いを認識することである。現実は，いくら価値があるものでも売却してその代金が手元に入らなければ，企業は生きてはいけないのである。会計学と経済学の両者の利益ないしは価値に対する考え方には，大きな隔たりがある。

会計上の利益は絵に描いた餅ではダメ

　国際会計基準の導入によって，会計にとって重要な情報が伝統的な会計

　17　Littleton [1967], p.9. 大塚訳 [1966] 15頁.

上の実現利益（当期純利益）情報ではなく，ある瞬間の未実現利益をも含めた企業価値（包括利益）情報の方がより好ましいとする考え方にシフトしてきた。しかし，会計学にとって重要なのは，価値ではなく価格なのである。いくらそのものに価値があったとしても，売れなければ，売ってその代金を回収できなければ絵に描いた餅に過ぎない。絵に描いた餅では，従業員に給料を支払うこともできなければ，支払期限が来た手形を落とすこともできない。会計にとって重要な情報は，未実現利益を含んだ包括利益情報ではなく，あくまでも現実に食べることのできる実現利益，すなわち当期純利益情報である。このことを忘れてはならない。会計における「実現」概念の意義を再認識すべき時が来ているのではなかろうか。

　少し脇道にそれるが，今日，当期純利益に代わって意思決定に有用な情報の中心に置かれている，公正価値（フェアー・バリュー）について考えてみることにする。この公正価値という考えは，2006年9月に発表されたアメリカ財務会計基準書（SFAS）第15号のパラグラフ5で，「測定日における市場参加者間の秩序ある取引において，資産の売却によって受け取った，あるいは負債の支払いや移転のために支払った金額」であると定義されている。わが国では，一般的に時価（出口価格）を指している。アメリカ財務会計概念書（SFAC）あるいはSFASや国際財務報告基準（一般的には国際会計基準：IFRS）の規定によると，資産の価値を測定する公正な物差しは，時価ということになる。公正な価値で測定することに異存のある者は，誰もいない。

公正な価値の落とし穴

　しかし，一体誰が公正な価値を時価と決めたのであろうか。この最も肝心な問題を掘り下げて論ずることなく，公正な価値が時価であるということを所与のものとして決めてしまっているところにこそ，今日の測定問題の大きな落とし穴があるように思われてならない。重要なのは，公正な価

値の具体的な測定属性を何に求めるかにある。経済学の分野であれば，「公正な価値で測定する」で終わっても問題がないかもしれない。しかし，会計の分野では，公正な価値を測る具体的な物差し，すなわち測定基準を明確にしなければ，当該資産の価値を具体的に貸借対照表の価格として決めることができないのである。

　会計学にとって何よりも重要なのは，経済学的にはいかに価値のある資産であっても，その資産が現実に売却され，その対価を受け取ることができるか否かにかかっている。如何に将来キャッシュ・フローが期待されるとしても，現実に将来においてその期待されるキャッシュ・フローが手に入る保証はない。経済学なら抽象的な価値の世界で片付くことかも知れないが，会計学は具体的な価格の世界である。しかも，市場において，その価格で実際に取引されなければ意味がない。会計上の利益を測定するにあたって，実現という概念が最も重要なキーワードになる理由がここにある。有用性ばかりが強調され，実際に実現して初めて手に入れることのできる信頼性が置き去りにされる情報であるなら，どんな情報であっても，それが会計情報として意味を持つ情報にはなり得ないのではなかろうか。

個人所有主から株主へ
　19世紀を迎えると多くの近代的な株式会社が鉄道業や製鉄，石炭業を中心に相次いで設立されてくる。それに伴って，資本の所有関係が個人から組合を経て，やがて株式会社における株主と経営者の関係にその姿を変えていく。その過程で，財務諸表の作成にあたり，資本調達のために株主の投資意思決定にとって有用な情報の提供が強調されるに至る。その結果，会計の成立以来の主要な役割であった損益計算機能への認識が漸次後退し，情報提供機能が前面に押し出されてくる。

　今日の意思決定有用性アプローチのもとでは，情報の有用性ばかりに焦

点が当てられ，ともすれば，肝心要の損益計算が忘れがちになる。しかし，会計にとっての根源的な役割は，企業の総括損益の計算である。情報提供というのは，現実の取引にもとづく継続的な記録によって求められた客観的な信頼できる利益情報の提供を指している。

先ず初めにあるのは，損益計算である。その後で，算出された損益を利害関係者に提供する。その意味では，「初めに損益計算ありき」である。そこで出される損益情報である。したがって，情報提供は，あくまでも二次的な役割になる。ただ，重要なことは，提供する損益の中身というか質が，信頼性と有用性の狭間で，大きく揺れ動いているところにある。提供すべき情報は，一体，価格情報（実現利益情報＝会計学）なのかそれとも価値情報（企業価値情報＝経済学）なのか。

6-6 会計の役割は損益計算

会計の役割の変遷

すでに本章の冒頭で述べたところであるが，会計の役割として，古くは管理計算と価値計算が，後に利害調整と情報提供が，近年では受託責任と情報提供の二つがあげられ，どちらが主要な役割なのかが論議されている。

しかし，受託責任機能も最終的には受託者（経営者）が委託者（株主）に説明責任を果たすための情報を提供するという点では，情報提供機能と同じ役割を果たしていることになる。ただ，提供する情報に説明責任，ないしは受託責任を持つことに優先順位を置くのか，有用であることを第一とするのかによって，両者に違いが生じるだけで，何れも情報提供であるという点では同じである。

第 6 章　会計の第 1 義的な役割：受託責任かそれとも情報提供か　163

　それ故，機能的には，会計の役割は，受託責任機能と情報提供機能に分けられるのではなく，①損益計算機能と②情報提供機能の二つに分類するのが妥当である。その情報提供機能における情報が受託責任の持てる情報であるのか，予測は含まれるが投資意思決定に有用な情報であるのかによって，さらに㋑信頼性基軸情報と㋺有用性基軸情報に分類される（142頁の図表 6-1 を参照）。

行き過ぎた有用性アプローチの弊害
　しかし，今日の意思決定有用性アプローチのもとでは，株主への有用な情報提供機能が過度に強調され，その結果，有用性が独り歩きを始めたのも紛れもない事実である。投機家のニーズに応えるためには，過去の実績ではなくたとえ不確実な予測情報であったとしても，彼らの要求する「昨日ではなく，明日はどうなるのか？」という未来情報の提供を重視するに至った。その結果，予測が外れた時，現実を予測に合わせるというあってはならない現象が生じてくる。虚偽報告（粉飾）というリスクの発生である。まさしく，行き過ぎた有用性アプローチの弊害といえよう。
　本来，会計の役割は，取引事実にもとづく信頼される情報の提供であり，決してどう転ぶかわからない未来の期待値を提供することではなかったはずである。直近の有用性に惑わされず，会計誕生の原点である信頼される正確な利益計算に立ち戻ることが何よりも肝要なのではなかろうか。その意味で，リトルトン流に言うならば，複式簿記生成の前段階である経営受託制度における説明責任を思い越こし，信頼できる情報の提供に重点を置くことに再度想いを馳せることが何よりも重要なことである。
　会計の第一義的な役割は，あくまでも損益計算にある。この提供する損益をどのような損益にするかによって，情報の中身が二分される。すなわち，その重点を信頼性に置くか有用性に置くかによって異なってくるので

ある。信頼性基軸情報機能と有用性基軸情報機能の二つである。

損益計算が第一

　このように，会計の役割には，まず第一に損益計算機能があり，次いで，獲得した損益を利害関係者に知らせる情報提供機能の二つがある。提供する情報の重点を信頼性に置くのか有用性に置くのかによって，情報提供機能は，図表6-1で示したように，さらに信頼性基軸情報と有用性基軸情報の二つに分類される。受託責任機能というのは，ここで言う信頼性を基軸に据えた情報の提供機能を指していることになる。更に踏み込んで考えれば，信頼できる情報であるからこそ有用になる。もっともらしい期待に満ちた数字によって武装された甘い蜜の香りを漂わす情報に真の有用性があるとは，決して思えない。

　会計の提供する情報の中身は，企業活動の結果によって得られた現実値か，あるいは得られるであろう期待値である。前者の信頼性基軸情報は，その情報が事実にもとづく結果によって算定された数値であるため，検証可能であり，客観性や信頼性が担保された情報と言うことができる。それに対して，後者の有用性基軸情報は，これからどうなるかという予測にもとづく未来情報による期待値である。

　そのため，未来情報は，アナリストや将来株主のニーズを満たすものであったとしても，その客観性や信頼性に根本的な弱点を有している。たとえ不確実な数値であったとしても，株主の期待が過去の数値ではなく将来を見通した数値であれば，その期待に応える情報を提供することこそが会計の役割であるとするのが意思決定有用性アプローチの基本なのである。会計学というフィールドの中では，果たしてどちらの考えが理に適っているのであろうか。

純利益から企業価値へ

　情報の有用性が強調されてくると，提供する情報の中身が純利益から企業価値，すなわち企業が将来に生み出すであろうキャッシュ・イン・フローを現在価値に割り引いた数値に変容してくる。意思決定に有用なのは，過去の実績ではなく将来の可能性である。この要求に応えるのは，過去の実績を示した純利益情報ではなく，明日には獲得できるであろう将来キャッシュ・イン・フローを想定した包括利益情報であると主張する。この包括利益は，公正価値によって求められるため，包括利益計算は，企業価値計算と考え方の基軸を同じにしている。

　この企業価値は，ある特定の時点の清算価値と等しくなる。しかし，清算価値計算は，会計が会計として成立するための基礎的な前提であるゴーイング・コンサーンを否定することになる。企業価値計算（清算価値計算）を目的とする計算構造が果たして会計の計算構造の枠組みの中に採り入れられてよいものであろうか。もし採り入れるならば，もはや会計の稜線を踏み外したことになる。企業価値計算は，本来，ファイナンスの領域の問題である。割引現在価値評価を含む公正価値会計は，客観的で信頼できる情報を提供してきたが故に800年もの永きにわたり継承されてきた会計の枠組みから大きく踏み外していると言えるのではなかろうか。会計情報と金融情報は，別物なのである。

受託責任の遂行も情報提供に含まれる

　リトルトンが考えた複式簿記の完成へのプロセスは，初期の会計を単なる債権債務の備忘録と位置づけ，やがてこの記録が物財勘定や主人（資本主）勘定の出現を生み出し，二重記入による損益計算を中心とする資本主関係を成立させる。この主人（事業主，後に株主）と代理人（責任者，後に経営者）の勘定（代理人簿記）がやがて資本（主）勘定を生み出し，資

本が生産的商業資本と結びついて勘定記入を深めていく。これが複式簿記である。

しかし，受託責任会計も代理人への情報提供という点では，情報会計の中に含まれるのは言うまでもない。複式簿記を成立させた根源は，代理人簿記ではなく，組合員相互間での利益分配にあったことを今一度思い起こして欲しい。会計の役割は，投機家のニーズに応えるために，予測を加えた未来情報を提供することではない。どこかで歯車が食い違い，有用性が何よりも重要であるという錯覚に陥ってしまったのではなかろうか。

有用性の行き着く先には，予測が外れた時，現実を予測に合わせるというまったく正反対のあってはならない落し穴が待ち受けている。粉飾（虚偽報告）である。正確で信頼できる損益計算こそが会計の第一義的な役割であるはずなのに。今日の会計における不協和音の原点は，ここにある。情報提供機能というのは，この誰に対しても説明責任の持てる客観的で信頼性の持てる企業成果，すなわち実現利益情報を提供することでなければならない。

会計の役割は損益計算機能と情報提供機能

本来，財務会計は，過去会計である。予測による不確実性という禁断の実を口にしたために，本来のあるべき会計が大きく変質してしまった。大切なことは，美味しそうにカモフラージュされた絵に描いた餅に惑わされないことである。その意味では，複式簿記の生成以前の荘園会計の段階で用いられ，近年 IASB や ASBJ で改めて取り上げられている受託責任（スチュワードシップ）という考え方を今一度見直すことが重要なのかもしれない。

本章を締めくくるにあたり，今一度整理すれば，会計の役割は，損益計算機能と情報提供機能の二つに分けられ，この情報提供機能が情報の重点を信頼性に置くか有用性に置くかによって，さらに信頼性基軸情報機能と

有用性基軸情報機能に分類される。しかし，重要なことは，両者がハイブリッドすることである。決して，相異なる受託責任機能と情報提供機能が並存しているわけではない。有用性，有用性と機能論ばかりで考えていくと，最も肝心な本質を見間違える危険が生じる。重要なのは，機能論と本質論を混同しないことである。

終 章

現代会計が抱える問題

1 純利益と包括利益

2 実証研究とアノマリー

1　純利益と包括利益

　2015年9月6日から8日まで日本会計研究学会第74回大会が六甲山の麓，神戸大学において開催された。大会最終日に「IFRSセッション『IASBによる概念フレームワークの見直し』」と題する報告がなされた。その内容は，モデレーター小賀坂敦（企業会計基準委員会副委員長）のもとで，鶯地隆継（IASB理事）「公開草案 概念フレームワーク」，関口智和（ASBJ常勤委員）「概念フレームワークを巡るFASBの動向」，川西安喜（ASBJディレクター兼FASB国際研究員）「IASB公開草案『財務報告に関する概念フレームワーク』に対するASBJの議論」と題する三氏からの報告があった。

　ここでは，三氏の報告を受けて，IASB（国際会計基準審議会），FASB（米国財務会計基準審議会），ASBJ（我国企業会計基準委員会）の三者の最新の動向を踏まえながら，それぞれが掲げる概念フレームワークの問題点を，とりわけ利益概念と関連させて考察していくことにする。

IASBの公開草案のねらい

　2015年IFRSの公開草案では，財務報告の目的ないしは財務情報の質的特性として目的適合性（レレバンス）と忠実な表現（フェイスフル・リプレゼンテイション）の二つがあげられ，さらにこの両者の補強的な質的特性として，比較可能性，検証可能性，適時性，理解可能性の四つがあげられた（鶯地ペーパー）。さらにそこでは，2013年に公表された討議資料のコメントに対応するために，受託責任（スチュワードシップ），慎重性（プリューデンス），経済現象の実質（サブスタンス・オーバー・フォーム）の三つを復活させている。これらはいずれも，経営者が企業外部の利害関係者に提供する財務情報，具体的には報告利益の中身ないしは特質について規定したものである。分かり易く言えば，株主にどのよ

うな利益を報告するかについて記した草案である。

　繰り返される昨今の企業不祥事を受けて，経営者の社会的責任を評価するために必要な情報提供の重要性を強調しているのが受託責任である。慎重性に対しては，不確実な状況下で決断する時は慎重に行い，資産や収益の過大評価，負債や費用の過小評価を戒めている。また，経済現象の実質については，その根底にある忠実な表現を単に法的な拘束力として捉えるのではなく，経済現象の実態を反映した表現を行うよう明記することを提案している（鶯地ペーパー）。

　まさしく，従来の概念フレームワークの規定では必ずしも十分ではなかった資産や負債の定義をより明確にし，従来の不明確さが測定や報告・開示等に与える影響について解説したのが今回の草案だという（鶯地ペーパー）。一言で言えば，有用な財務報告ないしは情報提供の在り方を明記した草案になっているとの解説である。

IASBの公開草案の純損益

　この公開草案の概念フレームワークで示された純損益は，資産負債観（資産負債アプローチ）によって求められるため，資産負債の測定をどのような物差しで測るかが基本になる。取得原価(ヒストリカル・コスト)で評価するのか現在価額(カレント・バリュー)で評価するのかである。この両者のうちのどちらで測定するかの選択基準が今日では有用性にある。しかし，この有用性こそが実は極めて厄介な基準なのである。なぜなら，無数に存在する情報の利用者によっては，有用な情報が異なるからである。ある利用者にとっての有用性が他の利用者にとっては有害になることだってありうるからである。また，特定の利用者が要求する情報だけを提供するのであれば，その情報にはバイヤスがかかってしまう恐れが生じる。そのため，没価値的(ベルトフライハイト)で経済実態をありのままに反映させた情報の提供（忠実な表現）が必要になる。

この忠実な表現という概念は，本来，提供する情報の信頼性に基礎を置いた考え方である。信頼される情報でなければ決して有用な情報にはなり得ないというのが根底にあるはずである。しかし，見方を変えると，信頼性という用語は，人によってそれを判定する尺度が異なり，客観性に欠けるという。そのため，信頼性をより客観的に判断できる手法として提唱されたのがこの忠実な表現である。すなわち，具体的な数字によって事実を忠実に表現することこそが信頼性を最も合理的に測定できる質的特性であるというのである。

　果たしてそうであろうか。信頼というのは，元来，人の心の持ち方の問題であって，経済学的な数式等の物差しで測定される類のものではない。誤解を恐れずに言うならば，信頼というのはもともと主観的なものなのである。「あなたの信頼は，私にとっては100万円です」と物理的な数字で置き換えることに何の意味があるのであろうか。そうすることによって，一体何が客観的になったというのであろうか。意味のないことである。信頼とは信頼であって，信頼が置けるか否かは，それが主観的であるか客観的であるのかの論議とは，次元の異なる話なのである。

　ある特定の利用者にとっての有用性ばかりが強調されてくると，その情報の持つ客観性や価値自体に疑念が生じてくる。たとえ特定の利用者にとって有用な情報であったとしても，信頼性が損なわれた情報では決して真に有用にはならないという懸念が生じてくる。この懸念を払拭するために，単に目的適合性だけではなく，比較可能性や検証可能性，あるいは適時性や理解可能性といった項目を補強的な質的特性として掲げたのが2008年の公開草案以降におけるIASBとFASBの考え方である。受託責任が再登場してくる理由がここにある。会計が800年という永き歴史を紡いで継承されてきたのは，単に役に立つからではなく，何よりも信頼できる計算システムであったということを忘れてはならない。

資産負債概念の変更

　資産負債観の元では，利益は，資産・負債の差額によって決まるため，両者の定義，ならびに認識と測定に関する問題が極めて重要になる。

　この点に関して，現行の IFRS は，資産を「過去の事象の結果として企業が支配し，かつ将来の経済的便益が当該企業に流入すると期待される資源」であり，負債を「過去の事象から発生した企業の現在の債務で，その決済により，経済的便益を有する資源が当該企業から流出することが予想されるもの」と定義していた。

　しかし，2015年の公開草案では，資産を「企業が過去の事象の結果として支配している現在の経済的資源」と定義し，負債を「企業が過去の事象の結果として経済的資源を移転する現在の義務」と定義している。いずれの定義からも将来の経済的便益という用語が削除されている。一見，信頼性と確実性をより重視するため，将来の予測による不確実性を排除した改定を行ったかのような印象を与える。果たして，そうであろうか。

　確かに，2015年の公開草案の本文では，「将来の経済的便益」という用語が削除されているが，これを補足するために，経済的資源とは「経済的便益を生み出す潜在的能力を有する権利」と説明している（鶯地ペーパー）。これでは，資産がサービス・ポテンシャルズであるという点で，これまでの定義と，実質的には，全く変わっていないのと同じである。資産は，単なる企業が有する有形無形の財貨・権利にとどまらず，将来のキャッシュ・イン・フローをもたらす用益潜在能力と捉えている点で，これまでの概念フレームワークの捉え方と異なるところはない。

FASB の動向

　現在の IASB が提唱している公開草案の主要な概要は，以上の通りである。では，これらの点に対する FASB の現在の動向は，どのようになって

いるのであろうか。この点に関して川西は，先のペーパーで，財務報告の目的，有用な財務情報の質的特性，財務諸表の構成要素，認識，測定の五つの項目について，2010年の改正前と2010年の改正と現在進行中の三者の内容比較を行っている。

2002年9月のIASBとFASBのノーフォーク合意によって，両者のコンバージェンスが推進され，日本もこれに遅れること5年，2007年8月の東京合意によって両者と歩調を合わせることになった。しかし，2010年の改定に伴うIASBとの共通化以後，両者の間に，原則主義でいくのか細則主義をとるのかを巡り，齟齬が生じてきたのは，良く知られている通りである。

現在では，FASBは，認識と測定だけではなく，開示においても重要性の概念を重視し，財務報告の目的と有用な財務情報の質的特性においてもこの重要性を強調している。ただし，重要性に関しては，現行の概念フレームワークが考えていた僅かでも可能性があるときはすべてを開示する（could）としていた原則をアメリカ連邦最高裁の相当程度可能性があれば開示する（would）という判決を受けて，この重要性の概念が法律上の概念として概念フレームワークに大きな影響を与えていると言われている（川西ペーパー）。

当期純利益とその他の包括利益

一般にわが国では公正価値(フェアー・ヴァリュー)を時価と呼んできた。時 価(カレント・バリュー)とは，市場で形成される取引価格（市場価値(マーケット・バリュー)）のことであり，今日では出口価格(イグジット・プライス)と見なされている。出口価格とは，資産を売却した時に受け取るであろう価格，または負債を移転した時に支払うであろう価格を指している。この公正価値，すなわち出口価格で測定された利益が包 括 利 益(コンプリヘンシブ・インカム)なのである。

当期純利益と公正価値の関係は，当期純利益にその他の包括利益

(OCI)を加えたものが包括利益になる。両者の関係を等式で示せば，[包括利益＝当期純利益＋その他の包括利益]ということになる。

　その他の包括利益は，包括利益のうち当期純利益と少数株主損益に含まれない部分を指し，具体的には，その他有価証券評価差額，繰延ヘッジ損益，為替換算調整勘定，退職給付に係る調整額や持分法適用会社に対する持分相当額等当期の利益に影響を与えるすべての項目が含まれる。

オールインクルーシブとコンプリヘンシブの違い
　かつて損益計算書に表示される利益には，当期業績主義（セレクティブ・セオリー）によって算出される利益と包括主義（オールインクルーシブ・セオリー）によって算出される利益の二つがあった。当期業績主義は，当期の正常な収益力を表示する立場を採っていたが，1974年の改定以降，企業の処分可能利益を表わす包括主義による利益表示へと変更された。この包括主義の包括は，オールインクルーシブと呼ばれており，今日の包括利益におけるコンプリヘンシブとは，日本語では同じ「包括」ではあるが，英語名は，異なっている。

　FASBの言う新しい概念である「コンプリヘンシブ・インカム」という用語が初めてわが国に紹介されたとき，すでに包括主義によって算出された「オールインクルーシブ・インカム」を包括利益と呼んでいた。そのため，それと区別するために，当初は，「コンプリヘンシブ・インカム」に包括的利益という訳語を当てて区別した。しかし，漸次，コンプリヘンシブ・インカムという用語が一般的に用いられるにつれて，その邦訳が何時の間にか，包括的の「的」が取れて，包括利益と広く呼ばれるに至ったのである。以後，包括利益といえばコンプリヘンシブ・インカムを指し，オールインクルーシブ・インカムを指す訳語ではなくなった。

　丁度，初めてテレビが発明された当時は，白黒テレビをテレビと呼んでいたが，後にカラーテレビが開発されると，当初こそカラーテレビと呼ん

でいたが，徐々にカラーが取れて単にテレビと呼ぶようになり，今日では，テレビといえばカラーテレビを指す。今日では，包括利益といえばコンプリヘンシブ・インカムを指しており，従来のオールインクルーシブ・インカムを指すことはない。いわば，コンプリヘンシブ・インカムに包括利益という訳語の母屋を取られてしまったということであろうか。

包括利益は時価や為替の変動差損益が含まれる

　現在の当期純利益は，当期以外の特別損益も含んでいるためオールインクルーシブな利益と言われるが，包括利益におけるコンプリヘンシブとは幾分意味合いが違っている。オールインクルーシブ・インカムというのは，当期だけではなく，過年度の修正項目等の特別損益を含む概念である。具体的には，過年度の減価償却や引当金等の前期損益修正項目や災害損失や固定資産の売却損益などの臨時項目からなるが，必ずしも未実現の時価損益や為替の変動差損益が含まれているわけではない。

　包括主義にもとづく当期純利益は，それがすべてを含んだオールインクルーシブな利益であるとはいえ，あくまでも時間的なズレによって発生する矛盾を修正する項目が中心である。それに対して，コンプリヘンシブ・インカムに含まれる項目には，資産そのものの価値を修正することによって生じる未実現損益が含まれるという点で，たとえ両者がすべてを含む包括的な損益という印象を与えたとしても，当期純利益と包括利益の間には大きな違いが横たわっている。

純利益は包括的な測定値

　第74回日本会計研究学会のIFRSセッションにおける関口の報告によると，「純損益は，ある期間における企業の事業活動に関する不可逆的な成果（irreversible outcome）についての包括的（all-inclusive）な測定値を表す」

(関口ペーパー) といい, オールインクルーシブを包括的と訳している。その点では, 当初, コンプリヘンシブ・インカムが包括的利益と邦訳されていたのと逆転現象を起こしている。

　もっとも, 現行の当期純利益も, 特別損益項目が含まれているため, オールインクルーシブな損益を表示していることになる。したがって, 先の説明の「純損益は, ある期間における企業の事業活動に関する不可逆的な成果 (irreversible outcome) についての包括的 (all-inclusive) な測定値を表す」という説明と何ら矛盾するところはない。純損益と包括 (的) 利益とは異なるところがないというのである。しかし, そう単純に解釈して良いのであろうか。

不可逆的な成果
　ここでいう不可逆的な成果とは, ごく分かり易く言うと, 不確実な企業活動の結果生じるであろう成果が元に戻せないところにまで減少した成果, したがって限りなく実現した成果に近い利益, あるいはリスクから解放された成果を意味している。言い換えると, 純損益は, 限りなく実現損益に近く, 包括利益とは異なるといっているようにも解釈できる。しかし, もしそうだとすれば, すぐその後の純損益が「包括的 (all-inclusive) な測定値」であるという説明が気になるところである。文面通りに読み取れば, 純損益と包括利益の違いを明らかにし, 純損益の表示も必要であるため, その他の包括利益 (OCI) をリサイクリングして利益表示する必要性を述べているようにも受け取ることができる。

　換言すると, ASBJ の予備的見解では, 現行の純損益の表示の必要性を強調し, OCI のリサイクリングを行うことによって, 単に包括利益だけを表示するのではなく, 純利益も表示することを示している。すなわち, このことは, 予備的見解における概念フレームワークの実務界での受け入れ

を容易にしようとする意向が読み取れる。純損益と包括利益の違いを明確にしながらも，リサイクリングを通して，両者を表示し，国際会計基準との整合性を提唱しているようにも思われる。

このことは同時に，現行の当期純損益の持つオールインクルーシブ性を強調することによって，実質的には，純利益と包括利益が同じ意味合いを持ってくる。可能な限り主だったOCIを純損益に含めていくと，当期純利益と包括利益は，極めて近似的な金額になる。オールインクルーシブとコンプリヘンシブが異なる意味合いで用いられているのを承知の上で，純損益を「包括的な測定値」と定義する背景には，当期純損益を包括的な業績指標としての包括利益と変わらぬ指標にしようとする互いの意向が読み取れるのではなかろうか。

当期純利益の包括利益化

もちろん，IASBにASBJへの歩み寄りが見られるとは必ずしも言えないかも知れないが，善し悪しの判断は別として，国際的な動向に乗り遅れないようにとのASBJの意向もまた同時に垣間見えてくる。純損益と包括利益の接近である。あるいは，当期純利益の包括化と言えるのかも知れない。

かつて売買目的の有価証券の評価益は，今日とは異なり，未実現利益として当期の純損益に加算されることはなかった。しかし，今ではごく当たり前のように，その評価益が，OCIとしてリサイクリングされることなく，実現利益として直接損益勘定に転記される。その根拠は，市場でその価格が担保されているからだという。しかし，市場が如何に不完全なものであるかは，すでに指摘されている通りである。[1]

ひとたび制度として規定されてしまうと，「のど元過ぎれば熱さ忘れる」

---

1 Bromwich [1985], p.57. 渡邉 [2014] 281-282頁。

ではないが，何の疑念もなくそのやり方がごく当たり前のようにわれわれの日常の中に定着してしまう。「お上の言うことなら・・・」といった，長いものには巻かれるをもって善としてきた日本人の性(さが)であろうか。

　この売買目的の有価証券と同様の会計処理が他のOCIにも拡張され，やがてほとんどの未実現の評価利益も実現利益として処理される手法が制度化される事態が生じてこないという保証は，何処にもない。もし，近い将来に，残されたOCIも，リサイクリングされることなく，純利益に組み込まれていくならば，実質的には，純損益と包括利益の間の垣根が無くなる，あるいは限りなく低くなり，やがては両者が一体化してしまう状況が浮かんでくる。果たしてそれで良いのであろうか。

ASBJの損益勘定は寄せ集めの勘定

　もし，ASBJがリサイクリングという緩衝材なしにいきなり当期純利益を包括利益に置き替えるなら，現段階での日本国内では恐らくまだ大きな抵抗が予想される。そのため，主要なOCIを漸次当期の収益費用に当てはめ，残ったそれほど重要でないOCIのみを残して，リサイクリングするという名目の下で，すなわち純損益と包括損益は違うといいながらも，実質的には，伝統的な当期純利益を包括利益に置き換えようとする動向が見えてくるといえば言い過ぎであろうか。そんな穿った見方も出来なくはない。今日では，売買目的の時価評価差額が，何の擬念もなく，実現損益として当期純利益に含まれているように。

　もしそうだとすれば，かつてヤーメイが，収益や費用だけではなく資産や負債も一緒にして転記した，複式簿記発生当初の集合損益勘定を「寄せ集めの勘定」(ホッチポッチ・アカウント)と呼んだように，2015年のASBJのいう純損益は，まさに従来までの主要なOCIを取り込んだ「寄せ集めの勘定」になる。その結果，純損益に取り込まれない残りのOCIは，収益費用の残り粕の勘定

（屑箱）になってしまい，やがては消えていく運命(さだめ)なのであろうか。

　会計にとって最も重要なことは，そこで算出される利益情報の信頼性にある。未実現の評価損益を会計的利益の中に含め，これこそが有用な会計情報として情報を発信していくならば，会計への信頼は，早晩，失われていくであろう。会計学における利益測定は，経済学（ファイナンス理論）とは異なり，価格計算であり決して価値計算ではない。今こそ，会計上の利益の持つ実現の意味を再認識することが問われなければならない。安易に不確実な予測による利益を会計の利益として計上するのには慎重でなければならないと強く感じている。

　800年の悠久の時を刻んで継承されてきた会計が経済学という大海に飲み込まれてしまわないためにも，複式簿記を誕生させた客観的な取引事実とその検証可能性に担保された信頼性の意義，すなわちここで論じてきた会計責任(アカウンタビリティ)ないしは受託責任(スチュワードシップ)の持つ真の意義や役割を再確認することが何よりも重要と思えてならない。

2　実証研究とアノマリー

実証研究の意味

　会計学の本質や役割を明らかにする方法として，いくつかの接近法があげられている。伝統的な手法として，帰納法(インダクション)と演繹法(ディダクション)，実証研究(ポジティブ・リサーチ)や規範研究(ノーマティブ・リサーチ)，あるいは理論研究や歴史研究などさまざまな接近法(アプローチ)が提唱されている。

　もともと実証主義(ポジティビズム)という考えは，19世紀のドイツの歴史家レオポルト・フォン・ランケ（1795-1886）によって提唱された歴史上に現存する史料批

判という手法により，客観的な事実にもとづいて歴史を記述していこうという方法である。ここでいうポジティブという用語は，「経験に裏付けられた」という意味であり，ある仮説を設定し，それを経験に裏付けられた事実，すなわち実際に今存在している現実の社会現象によって検証していくアプローチのことを実証研究と呼んでいる。

アメリカの二番煎じでは

近年とみに，この実証研究にもとづくアプローチがわが国の会計学の分野でも広く一般に行われている。満天の星のごとく存在する様々な経済現象から一つの推論をたて，その推論を多くの企業が提供している実際の財務データによって検証し，その仮説の正当性を証明していこうというのである。しかし，その実態は，アメリカの二番煎じになっているように思えてならない。

会計学の分野では，この実証研究が1970年代後半から1980年代前半にかけて登場してくる。とりわけ1991年のジョーンズ・モデルや1995年のオールソン・モデルが有名であるのは，周知の通りである。しかし，自らが考案したモデルを用いるのではなく，如何にこれらのモデルが優れたものであったとしても，全く異質の状況下で設定された仮説にもとづいて，異なる状況下で現象したデータによって検証したとしても，一体それは，何を証明したことになるのであろうか。如何なる意味を持つというのであろうか。

仮説の検証とアノマリー

実証研究の最大のキーワードは，どのような仮説を設定するかにある。そして，どれだけ多くのデータを集めてその仮説を検証していくかにある。言うまでもなく，的外れの推論によって非現実的な仮説を設定するなら，

その正当性をいくら検証したとしても，それ自体全く無意味な行為になる。それ故，この仮説の設定にあたって重要になるのが理論であり，歴史なのである。歴史貫通的な理論分析にもとづいて一つの仮説をたて，様々なモデルを使って検証していく。最初の仮説設定こそが最も重要になる。

　多くの実証研究では，仮説を検証したとたんに，それに対するアノマリー（実証したはずの法則性や理論からは説明できない異常な事象）が出現し，そのアノマリーが同時に検証される事態が生じてくる。Aが証明されるや否や，同時に非Aが検証されるのである。もしそうだとすれば，先に検証したことは，一体どんな意味を持っていたのであろうか。仮説を検証した矢先に，そのアノマリーが実証されるなら，実証した意味がないのではなかろうか。当初の仮説の設定自体に問題があったと言わざるを得ない。安易な仮説の設定は，多くの時間と労力をかけて検証したとしても，その行為は，無駄であったとしか言いようがない。

実証研究の限界

　もちろん，実証研究の意義を否定するものではない。しかし，今日の多発する想像を超えた突発的な自然の猛威に触れた時，多くの人は，現実のデータにもとづく情報だけでの限界をいやというほど思い知らされているのではなかろうか。社会科学にとっては，なおさらである。複雑な社会現象を，人の思惟の根源である直観的な感性を無視して，データ分析だけに頼る無機質な手法だけでは，如何なる社会現象に対しても決してその本質を解明することはできない。コンピュータによる分析だけでは，生きた人の息遣いは，決して聞こえてこないのである。人のいない社会科学など，何の意味も持たない。

　医療現場における昨今の診察方法で感じることがある。近年の診察は，血液検査は言うに及ばず，MRIやCTなど様々な検査結果によるデータ分

析が中心になっている。医療機器の発展や新薬の開発がどれだけ多くの命を救ってきたことであろう。言うまでもないことである。しかし、ともすれば、その先端技術に依存するあまり、時として、医師は、患者の顔を見ることなく、パソコン上の画面とにらめっこで判断を下すことがある。「ああ、大丈夫ですよ。何も問題はありませんよ」。まるでパソコンと話しているように。目の前の患者は、一体どこに行ったのであろうか。

　半世紀も前、学生時代に読んだ思想家竹内芳郎の言葉「医者の役割は、病気を治すことではなく、病気にかかった人を治すことである」が思い出される。誤解を恐れずに敢えて言うならば、この原点を忘れたところに医学の存在意義はないし、真の発展もない。

　会計学もまた然りである。社会科学としての会計学は、対象が社会であり、それを構成しているのが人である。客観性を主張するあまり、統計的数値にばかり依存し過ぎるとかえって物の本質を見間違えてしまうことになる。人の幸せなくして、会計の存在価値はない。企業人は、利潤の極大化のみを志向するのではなく、あらゆる意味で、会計の最大の研究対象である利益のあり方、その質をしっかりと再考しなければならない時が来ている。

レフリー制の落とし穴

　アフォリズムのようになるが、今一つ感じることがある。今日、わが国の会計学研究の中心もまた、欧米の研究動向を反映してか、実証的なアプローチが特に若手研究者を中心に大半を占めている。欧米では、若手研究者が研究者としての正規のポストを大学で得るためには、決められた数の論文を権威ある機関紙にどれだけ投稿したかにかかっている。通常、権威ある機関紙は、レフリー制を採用している。

　したがって、その機関誌に掲載してもらうためには、それぞれの機関紙

の編集方針に合ったものか，レフリーの眼鏡にかなった，気に入られた内容でなければ採用されないのが現状である。あるいは，元の原稿をレフリーの意向に添った内容に修正しなければ投稿の許可を得ることが出来ない。ある意味では，論文を完成させた時点での著者のオリジナルな発想や斬新な論理展開がリジェクトされて，洗練されたミスの少ない内容になったかもしれないが，逆にありきたりの論考になり下がってしまうこともある。レフリーの意向に添った金太郎飴の量産である。修正前のワーキングペーパーの時の方がはるかに斬新で，興味深い内容であったということも珍しくない。

　わが国でも，論文の質を向上させるために，レフリー制がおお流行りである。聞こえはいいが，しかし，一つ間違うと，先に述べた通り，本来の意図するところとは違った方向に独り歩きをしてしまう危険を絶えず抱えている。一見，優秀な論考を担保したかに思えるレフリー制による投稿制度にも，実証研究同様，大きな落とし穴が存在しているかも知れないことを自覚しなければならない。

　思うがままに書き綴った。そのため，いささか尻切れトンボの終章になってしまった感は，拭い切れない。しかし，会計史という研究の片隅で40数年，人知れず牛歩のごとく歩んできた現時点での筆者の到達点がここなのである。これが終の着地点なのかと問い詰められると，返す言葉が見つからない。書き終えた今になってもなお，「秕嚙み気の遠くなる空の青」といった心境である。[2]

　2　渡辺［1991］43頁。

【参考文献】

1. AAA [1957], "Accounting and Reporting Standards for Corporate Financial Statements 1957 Revision", *The Accounting Review*, Vol.32, No.4.
2. ────── [1966], *A Statement of Basic Accounting Theory*, Illinois. 飯野利夫訳 [1969]『アメリカ会計学会基礎的会計理論』国元書房。
3. ────── [2007], "The FASC's Conceptual Framework for Financial Reporting, A Critical Analysis", *Accounting Horizons*, Vol.21 No.2, June.
4. Alvaro, Martinelli [1974], *The Origination and Evolution of Double Entry Bookkeeping to 1440,* Part1 and Part 2, Denton.
5. Anderson. Adam [1801], *An Historical and Chronological Deduction of the Origin of Commerce, from the Earliest Accounts : containing an history of the great commercial interests of the British Empire*, Vol. 1, London.
6. Barth, Mary [2006], "Including Estimates of the Future in Today's Financial Statements", BIS Working Paper, No.208, August.
7. Beckman, John [1814], *A History of Inventions, Discoveries & Origins,* 2nd ed., Vol.1, London. 特許庁内技術史研究会訳［1999］『西洋事物起原(一)』岩波文庫。
8. Booth, Benjamin [1789], *A Complete System of Book-keeping, by an improved Mode of Double-Entry,* London.
9. Bromwich, Michael [1985], *The Economics of Accounting Standard Setting*, Prentice Hall.
10. ────── [2007], "Fair Values: Imaginary Prices and Mystical Markets. A Clarificatory Review", in Walton, Peter ed., *The Routledge Companion to Fair Value and Financial Reporting*, New York.
11. Brown, Richard ed. [1905], *A History of Accounting and Accountants*, Edinburgh.
12. Brown, R. Gene and Kenneth S. Johnston [1963], *Paciolo on Accounting*, New York, San Francisco, Toronto & London.
13. Bywater, M.F.and B.S.Yamey [1982], *Historic Accounting Literature: a companion guide,* Yushodo.
14. Carlill, John Albert [1896], *The Principles of Book-keeping*, London.

15. Carter, F. Hayne [1875], *Practical Book-keeping adapted to Commercial and Judicial Accounting,* Edinburgh and Glasgow.
16. Casanova, Alvisa [1558], *Specchio lvcidù; simo, nel quale si uedeno essere diffinito futti i modi,* Venezia.
17. Chatfield, Michael [1974], *A History of Accounting Thought,* Illinois. 津田正晃, 加藤順介共訳［1978］『チャットフィールド会計思想史』文眞堂。
18. Dafforne, Richard [1635], *The Merchants Mirrour,* London.
19. Defoe, Daniel [1727], *The Compleat English Tradesman,* Vol.I, 2nd ed., (1st ed., 1725), Reprinted out 1969 in New York, London.
20. De la Porte, Matthieus [1605], *Le Guide Des Negocians et Tenevrs de Livres,* Paris.
21. De Roover, Reymond [1956],"The Development of Accounting Prior to Luca Pacioli According to The Account-books of Medieval Merchants", in Littleton, A.C. and B.S. Yamey, eds., *Studies in the History of Accounting,* New York.
22. ────── [1974], *Business, Banking, and Economic Thought,* Chicago & London.
23. Dhaliwal, Dan, K.R. Subramanyam and Robert Trezevant [1999], "Is comprehensive income superior to net income as a measure of firm performance", *Journal of Accounting and Economics,* Vol.26, Nos.1-3.
24. Dicksee, Lawrence Robert [1893], *Bookkeeping for Accountant Students,* London.
25. Donn, Benjamin [1778], *The Accountant: Containing Essays on Book-keeping by Single and Double Entry,* 2nd ed., London.
26. Dowling, Daniel [1765], *A Compleat System of Italian Book-keeping,* Dublin.
27. Edey,H.C.and Prot Panitpakdi [1956], "British Compamy Accounting and The Law 1844-1900", in Littleton, A.C. and B.S. Yamey eds., *Studies in the History of Accounting,* London.
28. Edwards, John Richard [1985], "The Origins and Evolution of the Double Account System: An Example of Accounting Innovation", *ABACUS,* Vol.21, No.1.
29. Edwards, John Richard and Stephen P. Walker eds. [2009], *The Routledge Companion to Accounting History,* London and New York.
30. Elwell, Fayette H. [1932], *Bookkeeping for Today, Elementary Course,* USA.
31. Ellsworth, H.W. [1875], *Single and Double Entry Book-keeping and Business Manual,* New York.
32. FASB [1976], *An Analysis of Issues Related to Conceptual Framework for*

Financial Accounting and Reporting: Elements of Financial Statements and Their Measurement, FASB Discussion Memorandum, USA. 津守常弘監訳 [1997]『FASB 財務会計の概念フレームワーク』中央経済社。
33. ───[1980], *Statement of Financial Accounting Concepts*, No.2 "Qualitative Characteristics of Accounting Information". 平松一夫，広瀬義州共訳 [1994]『FASB 財務会計の諸概念〔改訳新版〕』中央経済社。
34. ─── [2000], *Statement of Financial Accounting Concepts*, No.7 " Using Cash Flow Information and Present Value in Accounting Measurements".
35. Fieldhouse, Arthur and E.E. Fieldhouse [1965], *Fieldhouse's Complete Book-keeping and Principle of Accounts*, the new 67th ed. (1st ed. 1895), Huddersfield.
36. ─── [1907], *The Students' Commercial Book-keeping,* 11th ed. (1st ed. 1895), Huddersfield.
37. Geijsbeek, John B.[1914], *Ancient Double-Entry Bookkeeping*, Denver.
38. Greeson-White, Jane [2012], *Double Entry – How the Merchants of Venice Created Modern Finance*, New York & London. 川添節子訳 [2014]『バランスシートで読みとく世界経済史』日経BP社。
39. Hamilton, Robert [1788], *A Introduction to Merchandise*, 2nd ed.(1st ed. 1777), Edinburgh.
40. Hannaford, L.B. and J.R.Payson [1853], *Book-keeping by Single Entry,* Boston.
41. Haswell, Charles H. [1871], *Book-keeping by Double Entry*, New York.
42. Have, Onko Ten [1956], "Simon Stevin of Bruges", in Littleton, A.C. and B.S.Yamey eds., *Studies in the History of Accounting,* London.
43. Hayes, Richard [1731], *Modern Book-keeping: or, The Italian Method improved*, London.
44. ─── [1741], *The Gentleman's Complete Book-keeper*, London.
45. Hunter, W.W. [1912], *A History of British India*, Vol.1, New Impression, London.
46. Hutton, Charles [1771], *The School master's guide: or, A complete system of practical arithmetic and book-keeping, both by single and double entry, Adapted to the use of schools,* New Castle.
47. ─── [1785], *A Complete Treatise on Practical Arithmetic; and Book-keeping Both by Single and Double Entry,* 7th ed., London.
48. Jackson, George [1843], *Jackson's Complete System of Practical Book-keeping, by Single and Double Entry,* London and Belfast.

49. Jones, Edward Thomas [1796], *Jones's English System of Book-keeping, by Single and Double Entry,* Bristol.
50. IASB [2004], "Chapter 3 : The IASC's conceptual framework–an obstacle to international harmonization", Ludwing Erhard Lectures 2004.
51. ────── [2006], "Framework for the Preparation Presentation of Financial Statements", par.82. 企業会計審議委員会 [2006]「財務諸表における認識と測定」23 頁。
52. ────── [2010a], "Chapter 3, FQC4". 翻訳 [2011]『国際財務報告基準 (IFRSs)』雄松堂。
53. ────── [2010b], *Conceptual Framework for Financial Reporting 2010.*
54. ICAEW [1975], *Historical Accounting Literature,* London.
55. Ittner, C.D. and D.F.Larcker [1998], "Innovations in Performance Measurement: Trends and Research Implications", *Journal of Research, Management Accounting,* Vol.10.
56. ────── [2001], "Assessing Empirical Research in Managerial Accounting: A Value-Based Management Perspective", *Journal of Accounting and Economics,* Vol.32 Nos.1-3.
57. Jäger, Ernst Ludwig [1876], *Lucas Paccioli und Simon Stevin, nebst einigen jüngeren Schrftstellern über Buchhaltung,* Stuttgart.
58. Jones, Edward T. [1796], *Jones's English System of Book-keeping, by Single or Double Entry,* Bristol.
59. Jones, J., [1991], "Earnings Management During Import Relief Investigations", *Journal of Accounting Research,* Vol.29.
60. Kelly, Patrick [1801], *The Elements of Book-keeping,* London.
61. Kohler, Eric L.[1963], *A Dictionary for Accountants,* 3rd ed., New York. 染谷恭次郎訳 [1972]『コーラー会計学辞典』丸善株式会社。
62. Littleton, A.C. [1966], *Accounting Evolution to 1900,* 2nd ed.（1st ed. 1933), New York. 片野一郎訳 [1978]『リトルトン会計発達史 [増補版]』同文舘出版,（初版 1952 年)。
63. ────── [1967], *Structure of Accounting Theory,* 7th ed. (1st ed. 1953), llinois. 大塚俊郎訳 [1955]『会計理論の構造』[第 4 刷]（初刷 1950 年）東洋経済新報社。
64. Lyons, J.A. and Oliver S. Smith [1920], *Lyon's Bookkeeping and Accounting,* Chicago.
65. Macghie, Alexander [1718], *The Principles of Book-keeping,* Edinburgh.
66. Mcmurry, Karl F. [1923], *Manual for Teachers of Bookkeeping,* Boston.

67. Macve, Richard H. [2014], "Fair Value vs conservatism? Aspects of the history of accounting, auditing, business and finance from ancient Mesopotamia to modern China", *The British Accounting Review,* No. XXX.
68. Mair, John [1736], *Book-keeping Methodiz'd,* Edinburgh.
69. ―――― [1773], *Book-keeping Moderniz'd,* Edinburgh.
70. Malcolm, Alexander [1731], *A Treatise of Book-keeping, or Merchant Accounts,* London.
71. Mayhew, Ira [1856], *A Practical System of Book-keeping by Single and Double Entry,* New York.
72. Mcmurry, Karl F. [1923], *Manual for Teachers of Bookkeeping,* Boston.
73. Mellis, John [1588], *A Briefe Instruction and Manner hovv to keepe bookes of Accompts,* London.
74. Mepham, Michael [1988], *Accounting in Eighteenth Century Scotland,* New York & London.
75. Miner, George W. and Fayette H. Elwell [1918], *Principles of Bookkeeping, Introductory Course,* Boston.
76. Monteage, Stephen [1682], *Debtor and Creditor made Easie: or A Short Balance of the whole Leidger,* 2nd ed., London.
77. Monti-Belkaoui, Janice and Ahmend Riahi-Belkaoui [1996], *Fairness in Accounting,* London.
78. Morrison, James [1808], *A Complete System of Merchants' Accounts, containing the Principles and Modern Improvements of Book-keeping,* Edinburgh.
79. Ohlson, James A. [1995], "Earnings, Book Values, and Dividends in Equity Valuation", *Contemporary Accounting Research,* Vol.11 No.2.
80. Paton, W.A. [1922], *Accounting Theory :with Special Reference to the Corporate Enterprise,* New York.
81. Parker, R.H. and B.S.Yamey eds. [1994], *Accounting History: Some British Contributions,* Oxford.
82. Parks, Tim [2006], *Medici Money: Banking, Metaphysics and Art in Fifteenth-Century Florence,* London. 北代美和子訳［2007］『メディチ・マネー：ルネサンス芸術を生んだ金融ビジネス』白水社。
83. Peele, James [1553], *The Manner and Fourme how to kepe a perfecte reconyng,* London.
84. ―――― [1569], *The Pathwaye to perfectnes, in th' accompts of Debitor, and Creditour,* London.

85. Penndorf, Balduin [1933], *Luca Pacioli Abhandlung über die Buchhaltung 1494*, Stuttgart.
86. Peragallo, E. [1938], *Origin and Evolution of Double Entry Bookkeeping*, New York,
87. Plantin,Guillaume, Haresh Sapra and Hyun Song Shin [2004], *Fair Value Reporting Standards and Market Volatility*, Working Paper, Carnegie Mellon University, University of Chicago and LSE, October, 2.
88. ―― [2007] "Marking-to-Market Panacea or Pandora's Box?", *LBS*, University of Chicago and Princeton University.
89. Porter, Roy [1982], *English Society in the Eighteenth Century*, (Revised edition 1990), London. 目羅公和訳［1996］『イングランド18世紀の社会』法政大学出版局。
90. Sabine, B.E.V.[1966], *A History of Income Tax,* London.
91. Schmalenbach, E., *Dynamische Bilanz（7 Aufl）*[1939], Leipzig.
92. Shires, John [1799], *An Improved Method of Book-keeping*, London.
93. Smith, J.C. and F.W. Jenkins [1886], *The National Accountant*, Philadelphia.
94. Soll, Jacob [2014], *Financial Accountability and the Rise and Fall of Nations*, US. 村井章子訳［2014］『帳簿の世界史』文藝春秋。
95. Sprague, Charles Ezra [1907], *The Philosophy of Accounts*, New York, (Accountig Classics Series edited by Robert R. Stertling , 1972).
96. Stevin, Simon [1608], *Vierde Stvck Der Wisconstighe Ghedachtnissen Vande Weeghconst*, Leyden.
97. Vatter, William J.[1947], *The Fund Theory of Accounting and Its Implications for Financial Reports*, Chicago and London. 飯岡透，中原章吉共訳［1971］『資金会計論』同文舘出版。
98. Weddington, John [1567], *A Breffe Instruction, and Manner, howe to kepe, merchantes bokes of accomptes*, London.
99. Watanabe, Izumi ed. [2014], *Fair Value Accounting in Historical Perspective*, Moriyama-Shoten.
100. Yamey, B.S. [1956], "Edward Jones and the Reform of Book-keeping, 1795-1810", Littleton, A.C. and B.S. Yamey eds., *Studies in the History of Accounting*, Illinois.
101. ―― [1967], "Fifteenth and Sixteenth Century Manuscripts on the Art of Bookkeeping", *Journal of Accounting Research*, Vol.5, No.1.
102. ―― [1978], *Essays on the History of Accounting,* New York.

103. ——— [1982], *A Further Essays on the History of Accounting,* New York & London.
104. ——— [1986], *Arte e Contabilità,* Bologna.
105. Yamey, B.S., H.C. Edey and H.W. Thomson [1963], *Accounting in England and Scotland: 1543-1800,* London.
106. Ympyn, Christofells Jan [1543], *Nouuelle Instruction,* Antwerpen.

【参考文献】和書

1. 天川潤次郎［1966］『デフォー研究―資本主義経済思想の一源流―』未来社。
2. 安藤英義［2010］「簿記の財務会計化と『資本』衰退への危惧」『會計』第177巻第6号。
3. ———［2012］「会計史研究と現代会計」『会計史学会年報』第31号。
4. 石川純治［2011］『複式簿記のサイエンス』税務経理協会。
5. 泉谷勝美［1980］『複式簿記生成史論』森山書店。
6. ———［1997］『スンマへの経』森山書店。
7. 伊藤宣広［2006］『現代経済学の誕生―ケンブリッジ学派の系譜―』中公新書。
8. 入不二基義［2008］『時間は実在するか』講談社現代新書。
9. 岩崎 勇［2015］「IFRSの概念フレームワークについて―AAAのFASCの見解を中心に―」『経済学研究』第81巻第5・6合併号。
10. 岩田 巌［1969］『利潤計算原理』第6刷（初版1956年），同文舘出版。
11. ———［1955］「（遺稿）二つの簿記学―決算中心の簿記と会計管理のための簿記―」『産業経理』第15巻第2号。
12. 上野清貴［2014］『会計測定の思想史と論理』中央経済社。
13. 上野道輔［1919］『會計學 第一部（簿記原理）』有斐閣書房。
14. ———［1925］『簿記原理 會計學（増訂三版）』有斐閣。
15. 宇佐川秀次郎訳［1875］『尋常簿記法 完』稿本。
16. 大黒俊二［2006］『嘘と貪欲―西欧中世の商業・商人観―』名古屋大学出版会。
17. 大戸千之［2012］『歴史と事実―ポストモダンの歴史学批判をこえて―』京都大学学術出版会。
18. 大森荘蔵［1996］『時は流れず』青土社。
19. 小栗崇資［2014］『株式会社会計の基本構造』中央経済社。
20. 大日方 隆編著［2012］『会計基準研究の原点』中央経済社。
21. カー，E.H. 著，清水幾太郎訳［2011］『歴史とは何か』岩波新書，第79刷。
22. 笠井昭次［2005］『現代会計論』慶應義塾大学出版会。

23. 片岡義雄［1967］『増訂パチョーリ「簿記論」の研究［第二版］』森山書店。
24. 片岡泰彦［2007］『複式簿記発達史論』大東文化大学経営研究所。
25. 椛田龍三［2013］「会計における二重の受託責任概念（目的）について」『大分大学経済論集』第65巻第2号。
26. 河原　温［2006］『ブリュージュ―フランドルの輝ける宝石―』中公新書。
27. 企業会計基準委員会［2006］『2006 国際会計基準 IFRS』中央経済社。
28. 岸　悦三［1975］『会計生成史―フランス商事王令会計規定研究―』同文舘出版。
29. ─────［1983］『会計前史』同文舘出版。
30. ギブニー編［1998］『ブリタニカ国際大百科事典』第8巻，ティビーエス・ブリタニカ。
31. 木村　敏［1982］『時間と自己』中公新書。
32. 木村和三郎［1933a］「複式簿記と企業簿記」『會計』第32巻第1号。
33. ─────［1933b］「複式簿記と企業簿記（続）」『會計』第32巻第2号。
34. 木村和三郎，小島男佐夫共著［1983］『簿記学入門（三訂版）』森山書店。
35. 久野光朗［1985］『アメリカ簿記史―アメリカ会計史序説―』同文舘出版。
36. 黒澤　清［1951］『近代會計學』春秋社。
37. 小賀坂敦，鶯地隆継，関口智和，川西安喜［2015］「日本会計研究学会第74回IFRSセッション『IASBによる概念フレームワークの見直し』」日本会計研究学会第74回大会報告レジメ，（於）神戸大学。
38. 小島男佐夫［1964］『簿記史論考』森山書店。
39. ─────［1971］『英国簿記発達史』森山書店。
40. ─────［1978］『会計史資料研究』大学堂書店。
41. 小林秀雄［1968］『小林秀雄全集 第12巻 考えるヒント』新潮社。
42. 斎藤静樹［2012］「会計基準と基準研究のあり方―整合性・有用性・規範性」大日方　隆編著『会計基準研究の原点』中央経済社。
43. 斎藤静樹編著［2002a］『会計基準の基礎概念』中央経済社。
44. ─────［2007］『詳解 討議資料 財務会計の概念フレームワーク』中央経済社。
45. 斎藤寛海［2002b］『中世後期イタリアの商業と都市』知泉書館。
46. 佐野善作［1897］『商業簿記教科書』同文舘。
47. 清水廣一郎［1982］『中世イタリア商人の世界』平凡社。
48. 下中直人編［2007］『世界大百科事典』平凡社。
49. 下野直太郎校閲，廣岡米治郎・山岡嘉太郎共著［1904］『最近商業簿記』嵩山房。
50. 社会科学大辞典編集委員会［1971］『社会科学大辞典』鹿島研究所出版会。

51. 須藤文基編［1921］『簿記學辞典』東洋簿記學院。
52. 曾田愛三郎編輯［1878］『學課起源畧説』。
53. 高寺貞男［1974］『会計政策と簿記の展開』ミネルヴァ書房。
54. ───［1982］『会計学アラカルト』同文舘出版。
55. ───［1988］『可能性の会計学』三嶺書房。
56. ───［2002］『会計と市場』昭和堂。
57. ───［2005］「公正価値会計は株主価値を測定するためには不必要である」『大阪経大論集』第56巻第2号。
58. ───［2006］「利益保守主義の長所を再考する」『大阪経大論集』第57巻第5号。
59. ───［2008］「市場の不完全さと市場価値会計の適用限界」『大阪経大論集』第59巻第2号。
60. 武田英一閲，川戸藤古編［1907］『簿記學辞典』勧業書院。
61. 田中章義［2010］「アメリカ会計学会の反省と教訓─実証会計学をめぐる問題─」『會計』第178巻第1号。
62. 玉木俊明［2009］『近代ヨーロッパの誕生─オランダからイギリスへ─』講談社選書。
63. 角ケ谷典幸［2009］『割引現在価値会計』森山書店。
64. 津守常弘監訳［1997］『FASB財務会計の概念フレームワーク』中央経済社。
65. 徳賀芳弘［2012］「会計基準における混合測定モデルの検討」IMES Discussion Paper, No.2011-J-19, 日本銀行金融研究所。
66. 中島道義［2007］『「時間を」哲学する 過去はどこへ行ったのか』講談社現代新書。
67. 中野常男編著［2007］『複式簿記の構造と機能─過去・現在・未来』同文舘出版。
68. 西川孝治郎［1982］『文献解題 日本簿記学生成史』雄松堂書店。
69. 西村孝夫［1966］『イギリス東インド会社史論』啓文社。
70. 原口亮平［1931］『簿記學』千倉書房。
71. パーカー著，友岡賛・小林麻衣子共訳［2006］『会計士の歴史』慶應義塾大学出版局。
72. 東奭五郎［1903］『新案詳解商業簿記』大倉書店。
73. ───［1908］『商業会計第壱輯』大倉書店。
74. 東奭五郎閲，木村禎橘［1922］『最近簿記経理學要全（訂正七版）』宝土館。
75. 久野秀男［1979］『英米（加）古典簿記書の発展史的研究』学習院。
76. 平林喜博［2007］『会計史への道─一つの覚書』関西学院大学出版会。
77. 平松一夫編著［2007］『国際財務報告論─会計基準の収斂と新たな展開─』中

央経済社。
78. ヘーゲル著，高峯一愚訳［1983］『ヘーゲル 法の哲学 自然法と国家学』論創社。
79. ────── 長谷川宏訳［2013］『歴史哲学講義（上）』岩波文庫，第26刷。
80. 星川長七［1960］『英国会社法序説』勁草書房。
81. 本間輝雄［1963］『イギリス近代株式会社法形成史論』春秋社。
82. 茂木虎雄［1986］「大陸法の理論的・歴史的考察」『立教経済学研究』第40巻第2号。
83. ──────［1988］「大陸式決算法と英米式決算法」『立教経済学研究』第41巻第3号。
84. 森田義之［1999］『メディチ家』講談社現代新書。
85. 山下勝治［1950］『損益計算論―損益計算制度の発展―』泉文堂。
86. ──────［1955］『會計學の一般理論』千倉書房。
87. ──────［1959］『會計学一般理論』千倉書房。
88. ──────［1963］『新版会計学一般理論』千倉書房。
89. 山下壽文［2012］「Charles Hutton の『簿記書』初版をめぐって」『佐賀大学経済論集』第45巻第3号。
90. ──────［2013］「Charles Hutton の『簿記書』分冊をめぐって」『佐賀大学経済論集』第46巻第2号。
91. 山田康裕［1999］「包括利益にかかる連携問題」『会計史学会年報』第18号。
92. 吉田良三［1904］『最新商業簿記學』同文館。
93. ──────［1907］『最新商業簿記』同文館。
94. ──────［1907］『簡易商業簿記教科書』同文館。
95. ──────［1914］『最新式近世簿記精義』同文館。
96. 渡邉　泉［1983］『損益計算史論』森山書店。
97. ──────［1993］『決算会計史論』森山書店。
98. ──────［2005］『損益計算の進化』森山書店。
99. ──────［2008a］『歴史から学ぶ会計』同文舘出版。
100. ──────［2008b］「現代会計の落とし穴―歴史からみる会計の本質―」『会計史学会年報』第27号。
101. ──────［2009］「会計目的のパラドクス―信頼性と有用性の狭間―」『會計』第175巻第5号。
102. ──────［2010］「取得原価主義会計と公正価値―市場原価による測定の位置づけ―」『會計』第178巻第3号。
103. ──────［2011］「歴史から見る時価評価の位置づけ―取引価格会計としての取得原価と公正価値―」『會計』第180巻第5号。

104. ─── [2012a]『行き過ぎた有用性アプローチへの歴史からの警鐘』大阪経済学ワーキングペーパー，No.2012-1, April。
105. ─── [2012b]「複式簿記の伝播と近代化—オランダ，イギリスを中心に—」『体系現代会計学 第8巻 会計と会計学の歴史』中央経済社。
106. ─── [2014]『会計の歴史探訪』同文舘出版。
107. 渡邉　泉編著 [2013]『歴史から見る公正価値会計』森山書店。
108. 渡辺　潔 [1991]『句文集虚空』風神社。

あとがき

　会計史研究を生業(なりわい)とし，処女作『損益計算史論』(森山書店)を世に問うて，早30数年の年月が流れ去った。その後，2冊の著作をまとめ上げ，過ぐる2008年には，これまでの歴史研究における一つの区切りとして，過去から現在への架け橋『歴史から学ぶ会計』(同文舘出版)を上梓した。さらに6年の時を経て，内容も新たに，未来との接点を加えた『会計の歴史探訪－過去から未来へのメッセージ－』(同文舘出版)と題する1書を著わした。

　その間，牛歩にも似た歩みの中で，私たちが教わってきた学説を現存する中世の商人たちが残した帳簿や古典簿記書と照らし合わせてみた時，どうしても説明のつかないいくつかの矛盾に出くわすことになった。どちらが間違っているのか，私なのかそれとも通説なのか。幾度となく自問自答を繰り返すなかで取り纏め，通説に異論を唱える目的で上梓したのが本書『帳簿が語る歴史の真実－通説という名の誤り－』である。

　そのため，第1章から第5章までは，これまでの研究過程で明らかにしてきた既発表の内容を再整理して1冊にまとめたものに過ぎず，必ずしもそこに，著者の新たな知見を見出せるものではない。第6章は，会計の役割について，信頼性(受託責任)と有用性の狭間で揺れ動く基準設定のあり方に対する現時点での筆者なりの愚考の披歴であり，最終章は，40数年に渡る歩みのなかで，近年とみに感じている一人の史家の独り言である。

　振り返えれば，私の研究生活は，これらの矛盾の原因がどこにあるのかを探し求めて歩いてきた道程であったのかも知れない。歴史しか知らない

ものが現代にも首を突っ込み，懲りもせずまた新たな恥を晒すことになった。2013年には，拙編著『歴史から見る公正価値会計－会計の根源的な役割を問う－』（森山書店）において，会計が800年もの悠久の歴史を紡ぐことができた最も重要な要因を取引事実にもとづく信頼性に求め，有用性を錦の御旗に，バラ色の期待に満ちた予測計算という禁断の実を口にした現代会計の在り方に警鐘を打ち鳴らした。

いうまでもなく，学問は，当て物の世界ではない。如何に緻密に数式を組立て，それを駆使して一つの結論に至ろうとも，予測は，所詮予測である。紙の上の世界ならいざ知らず，生きるか死ぬかの瀬戸際では，「おしかったなぁー！」で許されるようなことではない。現実と予測に落差が生じた時，予測を現実に修正するのではなく，現実を予測に修正しようとする摩訶不思議な現象が生じてくる。誤った予測が現実に姿を変える。自らのあくなき欲望や時としてある特定の利害者集団による圧力によって，真の姿が大きく歪められてしまう。自己正当化の論理である。まさに，マクベスの悲劇であろうか。魔女の予言に惑わされ，魂を悪魔に売り渡した悲しい人間の性が見えてくる。

実学を重視する会計は，目前の事象を追いかけることに終始し，現象の中にこそ本質があるという錯覚から，本来の姿を見失ってしまう危険と絶えず同居している。多くの実証研究や基準設定の論理が，ややもすると，現状肯定に陥り易い理由がそこにある。とりわけ，数字によって検証する会計は，いつも正しい答えを提供してくれると思いがちである。果たしてそうであろうか。

われわれは，日常の中に存在する「虚偽と真実」をしっかりと見極める勇気を持たなければならない。現状への不満から未来への幻想を膨らませるのではなく，ありうる明日を思考することが重要である。明日は，悠久の歴史の中でいつも身を潜め，今か今かと時の来るのを窺っている。

越し方を振り返り，「私」を超えて，常識や定説に惑わされることなく，絶えず疑問を投げかけ，それを実践することこそが，真理を探究する者は言うに及ばず，われわれ全ての生けとし生きる者にとって何よりも重要なことである。

　新たな考えを展開するためには，何よりも社会の動きや考え方に敏感でなければならない。空想的な自己主張ではなく，最新の現実の動向を踏まえ，それにもとづいて自己の内部に形成されている古い考え方を捨て去ること，すなわち永遠の自己否定こそが新たな地平への一歩を約束してくれるキーワードになることを胸に焼き付けてもらいたい。読者諸兄の見識を期待したい。

　書き終えてみると，いささか専門的になり過ぎたのではないかと大いに反省している。当初は，会計を専門としない人にも興味をもって読んでもらえる内容を目指して書き始めた。しかし，筆者の力不足でなかなか思うに任せなかった。会計は，特殊言語である。「会計語」を知らない人に取っては，ちんぷんかんぷんな内容になったのかもしれない。英語や中国語やスハヒリ語を知らないものにとっては，現地の人の会話は，単に音としてしか聞こえてこないのと同じである。

　しかし，異国の人や文化や社会を真に理解するためには，何よりも先ずその国の言葉や習慣を理解しなければ決して何も見えてこない。それと同じである。世の中の社会や経済の仕組みを真に理解するためには，それぞれの分野でそれなりの専門的な知識がどうしても要求される。会計語もその重要な一つである。そんな中で，可能な限り分かり易く書き下ろしたつもりである。

　しかし，分かり易く書くと嘘になってしまうこともある。三つの子どもに「クジラって何？」と聞かれた時，「大きなお魚」と答えれば，それが

もっとも分かり易い答えかも知れない。しかし，それは間違いなのである。
　分かり易さと真実，その板挟みに呻吟しながら，可能な限り両者が共存できるように書き綴ったつもりである。果たしてうまく伝えることが出来たであろうか。もし，本書の意図するところを汲み取ってもらえたならば，本書が指摘する通説批判にもまた大きな落とし穴があるかも知れない。ここでの主張を鵜呑みにせずに，眉毛に唾を塗りながら，疑惑と反骨，反批判の精神で何が真に本当なのかを読者自身の心と頭で見極めて欲しい。
　会計を専門としていない人たちが本書を通して会計に興味を抱き，その深遠な森に一歩でも分け入ってくれることを強く希望しながら，筆を置くことにする。

　　　2015年11月　深まりゆく秋を感じながら

　　　　　　　　　　　　　　　　　　　　　　　　　　渡邉　泉

索　引

■あ■

IAS	32
IASC	150
IASB	150, 157
IASBの公開草案	172
IFRS	139, 151
アノマリー	183
アメリカ法（亜米利加法）	93, 96

イギリス式簿記法	90
イギリス法（英吉利法）	88, 90, 95
意思決定有用性アプローチ	139
一致の原則	34
一般商品勘定	12, 18
入口価格（入口価値）	54, 106
イングリッシュ・システム	96, 102

ヴェネツィア式簿記	7, 18, 25
売残商品の時価評価	71

AAA	32, 139
ASBJ	32, 180
英米式決算法	82, 87, 99
英米法	95
SFAS	160
FASC	140
FASB	32, 139, 150, 157
FASBの動向	174
演繹法	181

OCI	178, 180

オールインクルーシブ・インカム	176
オブリゲーション・システム	38

■か■

会計学	31, 159, 161
会計学と経済学	53, 159
会計上の認識	33
会計責任	148, 158
会計の生成要因	46
会計の役割	53, 162
回収基準	43
概念フレームワーク	151
改良簿記	128
価格計算	53, 159, 181
価格情報	162
過去会計	155
貸倒損失の計上	61
家族組合	7, 25
価値計算	53, 159, 181
価値情報	162
割賦基準	43
カレント・アカウント	122
カレント・コスト	56
簡易簿記	131
簡便法	87, 124, 128
管理計算機能	139
管理中心主義	139

期間組合	9, 25
期間損益計算	13, 17, 26, 35
期間損益計算制度	24

203

企業価値	160, 165
帰納法	181
規範研究	181
木村和三郎	108
キャッシュ・フロー計算	49, 161
口別損益計算	8, 17, 26, 35
口別損益計算制度	12, 24
組合企業	45
黒澤説	38
経営受託制度	145
経済学	159, 161
結算と決算	82
決算中心主義	139
現金回収基準	48
現金収支記録	125
現金収支計算	44
現金主義	14, 22, 38, 42, 47
現在価値	55
検証可能性	65
原則主義	151
権利確定主義	40
交互計算	97, 119, 122
公正価値	54, 160, 175
公正証書	6, 20, 58
ゴーイング・コンサーン	165
固定資産の時価評価	70
固定資産の比重の拡大	40
固定資産の費用配分法	75
「こと」の世界	63
混合測定会計	57, 67
コンティネンタル・システム	96, 102

| コンプリヘンシブ・インカム | 176 |

■ さ ■

サービス・ポテンシャルズ	155, 174
債権・債務の管理計算	135
債権・債務の管理目的	124
債権債務の備忘録	105, 153
最古の勘定記録	57, 60
財産管理人	145, 150
財産保全機能	139
細則主義	151
財務情報の質的特性	171
佐野善作	93
サン・ジョルジオ銀行	85
3 帳簿制	111, 134
時価	175
識別	34, 42, 49
資産負債観	11, 76
事実性	65
市場価値	54, 175
実現利益	160
実証研究	181
質的特性	173
実用簿記	128, 131
資本計算	105, 125
資本主概念	152
資本主関係	109, 143
資本主簿記	153
十字軍	15
受託責任	144, 147-149, 158
受託責任機能	140, 162
取得原価	55
取得原価主義のほころび	78
荘園会計	146, 150

状態表	68
情報提供機能	139-142, 162
情報の質	155
情報の信頼性	158
将来の経済的便益	174
ジョーンズ	132
所得税法	120
諸向貸借勘定	112
仕訳帳	111
仕訳帳［経由］法	91, 92
仕訳日記帳	111, 122
信用制度の発達	40
信用取引の出現	20, 41, 45
信頼性	65, 141, 144, 162, 173
信頼性基軸情報	142, 163, 164
信頼性の再確認	156
スチュワードシップ	147, 150, 152
ステフィン	68
スンマ	16, 19, 85, 86
正確性	65
清算価値	165
精算表	68
世界最初の簿記書	16
責任の受託	145, 146
責任の履行	145, 146
説明責任	148, 149
ゼノヴァの市政庁	85
善管注意義務	149
先駆的期間損益計算	17, 26, 35, 46
全体損益計算	13
総括損益計算	13
増減比較計算	48, 68

ソキエタス	5, 25
損益計算	110
損益表	68

■ た ■

大陸式決算法	82, 87, 99
大陸法	88, 95
代理人［業務］	45
代理人簿記	145, 153, 165
単記式記帳法	134
単式	112
単式簿記	111, 117, 119
単式簿記の先駆け	115
単純簿記	113, 121
チャージ	145
チャージ・ディスチャージ報告書	146
チャットフィールド	146
忠実義務	149
忠実な表現	171, 173
帳簿の正確性	20
直接［繰越］法	91, 92
ディクシー	88
ディスチャージ	145
出口価格（出口価値）	54, 72, 106, 160, 175
デフォー	113
デフォーの記帳法	116
ドゥ・ルーヴァ	108
等価交換	106
当期業績主義	176
当期純利益	175

透明性	65
独自平均元帳制	91
富	109
取引価格	64, 175
取引の2面性	106

■ な ■

2015年の公開草案	174
2帳簿制	122, 134
日記帳	111, 122
認識（識別）基準	23, 32, 33
年次決算	26
ノーフォーク合意	175

■ は ■

初めに損益計算ありき	144
パチョーリ	16, 18, 86
発生主義	16, 22, 34, 42, 47
発生主義の欠陥	50
発生主義の補完法	44
ハットン	117
ハットンの残高勘定	120
ハットン簿記書の特徴	119
ハミルトン	74
半発生主義	39, 40
ヒストリカル・コスト	56
非定期的期間損益計算	46
評価損	73
ビランチオ	5, 11, 62, 66
ファースト・コスト	56
フィールドハウス	89
フィレンツェ式簿記	9, 18, 25
ブース	131
不可逆的な成果	177
不完全な簿記	113, 121
福澤諭吉	111, 124
複式	112
複式簿記	109, 145
複式簿記の生成要因	45, 46
複式簿記のレーゾン・デートル	65
プライム・コスト	56
プレゼント・バリュー	56
プロパライアターシップ	144, 152
分割仕訳帳制	91
粉飾	163, 166
文書証拠	6, 63, 105
閉業決算	94
平常決算	94
ヘイズ	71
併存（混合測定）会計	57, 65, 67
変動差額計算	48, 68
包括主義	176
包括利益	54, 127, 160, 175
報告機能	53
簿記の中心的な役割	53
補強的な質的特性	171, 173
本式	124

■ ま ■

前払地代の計上	16
前払家賃の計上	49
マグナ・ソキエタス	5, 25
未実現利益	54, 159

未使用食料品の控除 ･････････････ 16
三つの損益計算 ･････････････････ 22
未来会計 ････････････････････････ 155

目的適合性 ･････････････････････ 171
元帳 ･････････････････････････････ 111
「もの」の世界 ････････････････････ 63

■ や ■

山下説 ･･･････････････････････････ 38

有用性 ･････････････････････ 141, 162
有用性アプローチ ･･････････････ 151
有用性アプローチの弊害 ･･･ 157, 163
有用性基軸情報 ･･･････ 142, 163, 164

寄せ集めの勘定 ････････････････ 5, 180

■ ら ■

利益計算の証明表 ･･････････････ 68
利害調整機能 ･･･････････････････ 139
リサイクリング ･･･････････････ 127, 178
利子禁止令 ････････････････････ 60
リトルトン ･････････････････ 105, 108, 143
略式 ･･････････････････････････････ 124
両替商 ･･････････････････････････ 15
理論研究 ････････････････････････ 181

歴史研究 ････････････････････････ 181
歴史的原価 ･･････････････････ 55, 64
レフリー制 ･････････････････････ 184

■ わ ■

割引現在価値 ･････････････････ 54

【著者略歴】

渡邉　泉（ワタナベ　イズミ）
1943 年：神戸市に生まれる
1968 年：関西学院大学商学部卒業
1973 年：同大学大学院商学研究科博士過程単位取得
1974 年：大阪経済大学経営学部専任講師，助教授を経て 1984 年教授。
1986 年：イギリスに 1 年間留学。1994 年，2006 年に英，伊に計 7 か月留学。
1994 年：日本会計史学会賞受賞
1996 年：関西学院大学博士（商学）
1997 年：日本会計史学会会長（現在，同学会理事）
2001 年：大阪経済大学学長
2012 年：日本会計研究学会監事
2013 年：大阪経済大学名誉教授（現在，関西学院大学大学院非常勤講師）

【専攻】会計史，財務会計論
【主要業績】『損益計算史論』森山書店，1983 年。『決算会計史論』森山書店，1993 年。『損益計算の進化』森山書店，2005 年。『歴史から学ぶ会計』同文舘出版，2008 年。『会計の歴史探訪』同文舘出版，2014 年。『会計基礎論（新訂版）』（編著）森山書店，2010 年。『歴史から見る公正価値会計』（編著）森山書店，2013 年。*Fair Value Accounting in Historical Perspective*, ed., Moriyama-Shoten, 2014. "Accounting Education and Training in Japan", Anyane-Ntow, Kwabena, ed., *International Handbook of Accounting Education and Certification*, Oxford and New York, 1992. Witzel, M. ed., *Biographical Dictionary of British Economists*, 2 items, Vol.1, 2, Bristol, 2004. 他。

平成 28 年 2 月 1 日　初版発行　　　　　　略称：帳簿の真実

帳簿が語る歴史の真実
―通説という名の誤り―

著　者　©渡　邉　　　泉
発行者　　中　島　治　久

発行所　同文舘出版株式会社
東京都千代田区神田神保町 1-41　〒 101-0051
営業（03）3294-1801　　編集（03）3294-1803
振替 00100-8-42935　http://www.dobunkan.co.jp

Printed in Japan 2016　　　　　　DTP：マーリンクレイン
印刷・製本：萩原印刷
ISBN978-4-495-20381-8

JCOPY〈(社)出版者著作権管理機構 委託出版物〉
本書の無断複製は著作権法上での例外を除き禁じられています。複製される場合は，そのつど事前に，出版者著作権管理機構（電話 03-3513-6969，FAX 03-3513-6979，e-mail: info@jcopy.or.jp）の許諾を得てください。